自分ではじめる

# 気巡りと×浄化の本

鍼灸師

なんだか、疲れやすい……
原因はわからないけれど、体調が悪い……
人やモノに敏感に反応してしまう……
ある場所に行くと、体が重くなる……
落ち込むような出来事が多い……
最近、ツイてない……

そんなふうに思うことはありませんか？

でも、別に病気じゃないし、
特に不健康な生活をしているわけじゃない。
あんまりいいことがないのも、
単に運が悪いだけかもしれない。

そうやって無理に納得する前に、ひとつ、疑ってみましょう。

**それ、邪気《じゃき》が関係しているかもしれません。**

邪気というと、よくないものを想像するかもしれませんが、
実は**私たちのすぐ身近に存在**しています。

外からやってくるものや、自分の内側から作り出されるもの、
さらには霊的なものまで含めると、そこらじゅうにあって、
いつの間にか、あなたの体にくっついているものなのです。

邪気があっても気づかず、突然病気などで不調を抱える人と、
邪気だらけの中でも健康でいられる人、
その違いは何でしょう？

**答えは、「気巡り」にあります。**

邪気だらけの世の中で、
どうすれば、邪気を避けられるのか？
どうやって邪気を祓《はら》えばいいのか？

この本では、「**気巡り**」をよくして、
邪気を「**浄化**」していくコツをお話ししていきます。

# はじめに

私は大阪で鍼灸院《しんきゅういん》を営みながら、ＹｏｕＴｕｂｅをはじめとするＳＮＳの世界を通じて健康についての配信をしています。

きっかけは、自分自身の病気です。20代で腎盂腎炎《じんうじんえん》を発症し、片方の腎臓機能を失いました。そこから鍼灸師を志し、腎臓を中心に健康情報をシェアしたいとはじめたのがＳＮＳです。

普通だったら出会うことのない人と画面上で出会い、交流するのは不思議な気持ちですが、その活動を通じて、全国の様々な方から健康の悩みを聞くことになりました。

みなさん、体のどこかに不調を抱えていたり、体は健康体だけど精神的に弱って心が疲れていたり、元気そうに見えても「実は……」と、人に話せないような悩みを抱えておられる方も少なくありません。

私は鍼灸師として「気」を扱うということもあり、見えないものに対して少し敏感な体質です。鍼灸師になる前はそこまで強くなかったのですが、特に〝ささない鍼《はり》〟という技術を身につけるにあたって、研修などで気の訓練をするうちに、段々と感覚が身についてきたことが背景にあるようです。

目に見えない感覚で患者さんの気の状態を感じたり、メール上でもその人の気の状態を感じたりするのですが、ここ数年は様々なお悩みの相談を受けてきたことで、鍼灸院だけで仕事をしている頃には見えてこなかった、また別の「気」の存在を肌で感じるようになりました。

そしてどうしても自分では理由がわからなかったり、解決法が見つからない時、または自分の感覚が本当に正しいのかを客観的に見つめたい時は、私とはまた違う様々な修行を受けてこられたスペシャリストの先生方にお話を聞いていただき、答え合わせをしたり、助言を受けながら進んできました。

あなたの痛みや不調はどこからきているのか？
何がきっかけでそうなってしまったのか？

それを深く掘り下げていくと、一人一人原因こそ違えど、どんな背景であったとしても、その原因を取り除くには「気を巡らせること」が大前提ということにたどり着きます。

東洋医学の考え方では、気の存在は当たり前のことで、それこそ鍼灸師にとっては身近な存在なのですが、空気と同じで見えないものですし、一般的にはよくわからないというのが普通だと思います。

ですので、この本では専門用語はなるべく省き、わかりやすく、体験談も交えながらお話ししたいと思います。

この「よくわからない、見えない、不思議な気」が、どれだけ私たちの健康に関わっているのかということを、みなさんと共有できれば嬉しいです。

また、これは驚かれる方が多いのですが、何をしてもよくならない不調や痛みの場合、気は気でも「邪気」という存在の影響を受けているということがわかりました。

例えば、肩こりひとつとっても、普通にセルフケアや食事で治る人がいる一方で、何をしても全然効果を実感できない、病院でも異常なしと言われる人もいます。

それは何故なのか？

多くの人と関わっていく中で同じようなケースが出てきて、なにかがおかしいという違和感を無視することができず、「邪気」という存在を表に出すことにしました。

当初はこんなことを話したら怖がられるんじゃないかという不安もあったのですが、意外と受け入れてくれたり、興味を持ってくれる方も多いことがわかりました。

邪気のケアをきっかけに次々と悩みが解決して楽になる方が増えたので、これは多くの人に知ってもらいたいと思い、最近はＳＮＳでも積極的に発信しています。

人生は何が起こるかわかりません。

それと同じように、今までの概念では解決ができないことも、邪気ケアをすることで解決できるかもしれない。
どうしても伝えたいと思いました。

私が誰かと関わる時の考え方のひとつとして、「みんな誰かの大事な子ども」というスローガンがあります。

私もこれを読んでくれているあなたも、毎年年齢を重ねていきますが、どこまでいっても誰かの大事な子どもなのです。どんな人でも誰かにとっては尊い存在。それを忘れずに向き合うようにしています。

この本を手にしてくれた、誰かの大切な存在のあなたの現状や未来が、今以上に明るくなるきっかけになれば嬉しいです。

第一章

# 「気」がすべてを握っている

第二章

# 気巡りをよくして邪気を寄せつけない

## 第三章 自宅でできる邪気祓い

## 第四章 出かける時こそしっかり邪気ケアを！

## 第五章 知らずにやっている？ 邪気を引き寄せる行動



## 第六章 知っておきたい！ 東洋医学でも重要な気巡りのこと

# 第一章

# 「気」がすべてを握っている

この本でお話ししていく「気巡り」も、
浄化していくべき「邪気」も、
すべて気に関係しています。
まずは、気というものがなんなのか、
気を充実させるためにはどうしたらいいのか、
基本的なことをお伝えしていきます。

# そもそも、「気」ってなに？ 怪しいもの？

私も鍼灸師になる前は、「気」なんて見たことも聞いたこともない！ 一体なんのこと？ という感じでさっぱりわかりませんでした。

では、「気」というのは一体なんでしょうか。

東洋医学の考え方で一言で表現すると、**「生きるのに欠かせないもの」**です。

人間は呼吸をして、食事をして、排泄をするというサイクルで生きていますが、このすべての動きに気が関係しています。気がなくなったら人間は生きていけません。

健康な人は気が十分に満ち足りている状態で、スムーズに流れています。不調がある人は気が不足していたり、どこかで詰まっていたりして流れが悪くなっています。気がどこで詰まっているかで痛みや不調の場所がわかりますし、心身の健康には気という存在は欠かすことができません。

そして**人間の精神、心や感情にも密接に深く関係しています**。例えば、元気、勇気、弱気、気合、気力がない、覇気がある、などといった言葉で今の状態を表現しますが、どれも「気」がついていますよね。私たちは無意識に、言葉で気というものを使って自分を表現しているのです。

「気」は見えないけれど、こんなに身近に存在して、日頃から使っていたんだということがわかれば、なんだか親近感が湧いてきませんか。表舞台には立たないけれど、陰ながら支えてくれている縁の下の力持ちのような頼もしい存在なのです。

## 「気」はエネルギー、そして生命力そのもの！

気は「生きていくのに必要なもの」と言いましたが、わかりやすい言葉にすれば、**生きていくための生命力、エネルギー**と言うこともできます。

**気が充実している人は、イキイキと元気な状態。**風船がふくらんでパンパンになっている状態をイメージしてください。空気を含んで、飛んでいくような軽さもあります。

一方、気が不足している人は、しぼんだ風船のようなイメージ。これが**ひどくなると、動くのもつらいほど、力が出なくなります**。

鍼灸院に来られる方は、たいていどこかに不調があって来院されるので、気が不足していたり、滞って流れていない場合が多いです。単純に病気がある人、不調がある人は気、つまりエネルギーが弱くなっています。

気が弱すぎる状態の時は、言葉を発することもしんどかったり、声も力がなく弱々しくなります。頭もうまく回らないのでぼーっとしやすかったり、人の話を聞いても覚えていなかったり。それが鍼灸や食事などで気を補い、心が元気になると、別人のように笑って明るくなるので、気を充実させることは本当に大切なのです。

## 気が弱くなると、邪気を引き寄せてしまう

〝気が弱い状態〟というのは、体のどこかに不調があったり、あるいは心が疲れてしまって落ち込んでいる時など。

そんな時に気をつけてほしいのは、**邪気がつきやすくなっている**ということです。

邪気については、次の章で詳しく説明しますが、本当に身近なものなので、どんな人でも邪気を避けることはできません。**ただ心身ともに元気で明るく活動している人は、多少邪気がついても侵食されず、自然と離れていきます**。

問題なのは、弱っている時です。

そのまま邪気に侵食されてだるさがとれない、常にしんどい状態になり、放っておくと病名がつきます。侵食とは、表についた汚れ（邪気）が、放っておくと深いところまで汚染してしまう、シミとか虫歯のようなイメージです。

誰もまさか邪気のせいだとは思わないので、気づかぬ間にたくさんの邪気をくっつけているということもあり得ます。

また、慣れとは怖いもので、邪気がついている状態では、しんどいのが普通になるのが困るところ。そして、邪気は、病院では治療できないものです。

## まずは気を強く、大きくする生活習慣を取り入れよう！

では、健康のために自分の気を強くする方法はあるのでしょうか？
そんな声が聞こえてきそうですね。
実際、私自身も病気で悩んでいた頃に、鍼灸師の師匠に聞いたことのある質問です。

これがね、あるんです。
しかも、**とにかく簡単ですぐできること**ばかり！
まずは……、**「しっかりと息をすること」**です。

「え？　息なんていつもしていますけど……」とおっしゃった患者さんがいましたが、これが意外とできていない人が多いんです。

特に今はスマホを持つようになって下を向く習慣ができたために、首の重みで前かがみに背中が丸まってしまいます。姿勢が悪いと30キロ近い重みが首の骨にかかるとも言われており、そんな姿勢で過ごしていると嫌でも肺を圧迫して呼吸が浅くなります。実は、ちゃんと呼吸できる人のほうが珍しいほど。

次ページからは、こうした呼吸も含め、他にも、**気を強くするために日常的にすぐできる**ことをまとめてみました。

今、気が少なかったり、弱かったりしても大丈夫です。それは伸び代があるということですから、今から大きく、強くしていきましょう！

誰にでも気、つまりエネルギーを強くすることは可能なことなのです。

今すぐできる！

# 健康のために気を強くする方法

## 1 姿勢を正す

電車に乗ったら周囲を見渡してください。多くの人が**背中を丸めてスマホを覗き込んでいる**ことに気づきます。あなたも同じ姿勢ではないですか？　姿勢が悪い状態が続くと、筋肉が歪《ゆが》み、血流や気の流れも悪くなり、内臓や脳まで影響して、体調不良を引き起こします。まずは、気づいたら背筋を伸ばすことから、はじめてみましょう。

## 2 呼吸を深くする

毎日無意識のうちに繰り返している〝呼吸〟。無意識だからこそ、意識してみてください。例えばパソコン作業に根《こん》を詰めている時、**いつの間にか息が浅くなっていませんか？**

気づいたら、**限界まで息を吐き、思い切り息を吸う**のを繰り返してみてください。新鮮な気が入り、体内で停滞していた気も動きだして、気の巡りがよくなります。体がこわばるほどなら、軽くストレッチをして、うんと深呼吸を。

## 3 大きな声で話す

迷惑にならない場所では、大きな声で話すことを心がけましょう。日頃、声が小さいと言われている人なら、**地声よりワントーン上げて声を張ります**。気の巡りが活性化し、内臓も元気になるんです。私は誰もいない田舎道で自転車に乗る時は、歌を歌ったり、天気がよければ「気持ちがいい天気だな〜」と思いっきり独り言を言っています。自分の独り言に笑ってしまえば、これもしめたもの。笑うことでまた気が巡り、気持ちがぐっと明るくなります。

## 4 歩く

下半身の気を巡らせるなら、歩くことが一番です。マッサージやストレッチをしなくても、**10分でもいいから歩くこと**。できれば裸足で砂浜や草の上を歩くと大地の気を取り入れることができるのですが、都会で暮らしていると難しいかもしれませんね。ヒールや革靴ではなく、スニーカーを履いて、家の中やジムではなく、外の空気を深く吸いながら、姿勢を伸ばして歩きます。下半身だけでなく、全身に気を巡らせるつもりで！

## 5 三食食べる

健康法やダイエットで、朝食を抜くことを実践している方もいるかもしれませんが、これはおすすめできません。気は、食事から摂る栄養から得るもの。**朝、口に入れる食事は大切なガソリンです**。足りなくなればガス欠を起こしてしまい、気が不足して気力がなくなります。

生命力は気の充実が左右します。**食べることは生きることにつながり**、適切な食事で内臓が機能し、体力がつき、体の気が旺盛となり強くなります。

## 6 十分な睡眠をとる

睡眠は、1日の疲れをとるための特効薬です。睡眠が不十分のまま翌日を迎えてしまうと、疲れがとれず、気が停滞してストレスを感じやすくなります。

不眠も同じで、続くと気力もすりへり、気そのものが細く消えそうになり精神不安につながります。ですから、**良質な睡眠を十分とるのは、気を充実させるためにも大切なこと**。体を丸めた赤ちゃんのポーズで、「へぇ～」と声を出して呼吸し力を抜くのも、寝つきがよくなりおすすめです。

COLUMN

# 自然の気と人工的な気

緑が豊かな場所へ行くとなんだか体がふわ〜っとして気持ちがよかったり、お花屋さんの前を通るだけでも癒やされたりしませんか。疲れていると自然の気からも気が補われるので、心地よく感じたり、敏感に感じやすくなります。

生きているものには気が流れていて、人間だけでなく、動物や植物、鉱物や土地からもエネルギーが出ています。ここは気持ちがいいなとか、ここは冷たい感じがするなとか、場所によっていろんなことを感じることがあると思います。私たちには感覚という能力が生まれた時からあるので、そのようにいろんなことを肌で感じます。東洋医学でいう体に気が流れているという表現がいまいちわかりにくい場合は、体に生体電流が流れているという表現に変えていただいてもいいかもしれません。

人間だけでなく、生きているものはすべて気が流れていて、人間の不調を整えてくれたりします。

では人工的な気というのはどんなものだと思いますか？　私は人工的な気は「無」しか感じられないものと捉えています。例えば身近なものでいうと、ガラス、プラスティック、人工芝、造花、加工品や加工食品など。気を感じることがなく、無なので、可もなく不可もなくという表現をよくします。

人工的な気は、自然の気と違って、私たちの気を補ったり、気を巡らせる効果はありません。健康のためにはなるべく自然の力を借りたいものです。

# 第二章

# 気巡りをよくして 邪気を寄せつけない

邪気から身を守るのにてっとり早いのは、
「気巡りをよくする」これにつきます。
一章では、気、つまりエネルギーを強く、
大きくする方法をお伝えしました。
気が充実してきたら、それを巡らせる。
邪気についても詳しく説明していきます。

# 不調の原因はもしかしたら…そもそも邪気ってどんなもの？

一章では、私たちの健康にとって「気」がいかに大切かをご紹介してきましたが、気の中でも、要注意な存在があります。

それが「邪気」です。

なんとなく調子が悪い状態がずっと続いている人、気持ちがふさいでいる人、なんとなく家の居心地が悪い……。**そんな「なんとなく」の原因は、悪い気＝邪気かもしれません。**

気づかずにいた邪気のケアをしてみたら、不思議なくらい体調がよくなった、気分も明るくなった、ということが本当によくあります。

気を扱う仕事をしている私にとっては当たり前のことでも、患者さんにいきなり「邪気」なんて話を始めていいのだろうかと思ったりもしましたが、**あまりにも「邪気ケア」をすることで改善に向かう方が多い**ので、お伝えしないわけにはいかなくなりました。

まずは邪気がどんなものかを知って、邪気につかれないような心身はどうやったら作れるのか、探っていきます。

邪気にはいくつかの種類がありますので、それぞれの特徴を見ていきましょう。

# 弱った時に体の外から入り込む「外《がい》邪《じゃ》」

## 体のバリアが弱ると入る邪気

**体が弱っている時や、季節の変わり目などに体に入る邪気を「外邪《がいじゃ》」といいます。**

外邪は体の表面のバリア機能である「衛《え》気《き》」が弱ったところに入り込みます。

いちばんわかりやすいのが「風邪《ふうじゃ》」。まさに風邪《かぜ》です。季節の変わり目にひきやすいですよね。一年中元気でいるためには、体の衛気をしっかりと鍛え、いざ入ってしまった時の対処法も準備しておけば、怖くありません。

- **風邪**（ふうじゃ）
  ＝春先に多い喉の痛みや鼻の不調。
- **湿邪**（しつじゃ）
  ＝梅雨どきのむくみやだるさ。
- **暑邪**（しょじゃ）、**熱邪**（ねつじゃ）
  ＝夏の熱中症のような症状。
- **燥邪**（そうじゃ）
  ＝秋に出る乾燥肌、便秘、咳など。
- **寒邪**（かんじゃ）
  ＝冷え、頻尿など腎臓に関係する。

# 心の中で生まれる邪気「内邪《ないじゃ》」

## 心のバリアが弱ると発生する邪気

邪気は体の中、心の中からも生まれ、感情と直結しており、**過剰に生まれた感情は、「内邪《ないじゃ》」という邪気になります**。

感情ならじきに治まるだろうと甘く見てはいけません。それぞれの感情は内臓に直結するので、大きなダメージになります。感情が豊かなのはいいことなのですが、度が過ぎると臓器を傷つけるのです。感情を上手にコントロールできることも、健康でいるために大切なことと言えます。

- **喜び（笑う）**＝心臓
- **怒り**＝肝臓
- **憂い・悲しみ**＝肺
- **思い（悩む）**＝胃
- **恐れ・驚き**＝腎臓

# 看過できない「霊的《れいてき》な邪気《じゃき》」

## 霊的な邪気もケアできる！

ここまでは東洋医学でいう健康に関係する邪気をご紹介してきましたが、実は、私にとっての邪気はもうひとつあります。それが「霊的なもの」。怖がりな私を悩ませるものであり、やはり他の邪気と同じように不調の原因と密接です。なんでもかんでも「霊」で片づけるのも問題ですが、**実際にケアしたことで不調が治るのを何度も見てきました**。

ちなみに霊的な邪気も体の外側から侵入しますが、季節は関係ありません。

## 霊的な邪気による不調は左側に出る

霊的な邪気によって引き起こされる身近な不調は、**頭痛、首こり、肩こり**などがよく見られます。なんだか肩や頭が重い、原因不明の痛みがなかなか治らない、といった時は霊を疑うことがあります。

また、下半身に出る痛みも、左側でなかなか治らないケースは邪気がついていることが多いです。検査で異常なしで、原因不明の不調に悩んでいる場合は、このあと紹介する「邪気ケア」で十分にケアすることができますから、安心してくださいね。

COLUMN

# 体の左側だけ症状が続く時は邪気を疑ってみる

「邪気があるのはわかったけれど、見えないものだし、不調の原因が邪気かどうかはわからない……」

「不調が邪気のせいかどうか、どう見分ければいいの？」

そんな質問をいただくことがあります。

ひとつ、わかりやすい判別の仕方は、痛みが左半身にばかり出ているかどうか、です。


邪気に限らず、外部の気というものは、体の左側から入ってくると言われています。そのため邪気も左側に影響しやすいので、体の左側にばかり不調や痛みが続く時は、邪気を疑ってみるといいでしょう。

頭痛、首こり、肩こり、腰痛、膝痛など、すべて左半身にだけ痛みが出ていて、明確な原因がない。しかも長く続いていると聞いたら、私はすぐに邪気ケアをおすすめします。ひとつのバロメーターとして覚えておくといいでしょう。

また、邪気は四方八方から飛んでくるので、はじめは右が痛かったのに、左に不調が移動するケースもあります。

## あなたの邪気度はどれくらい？

# セルフチェックしてみよう

| | |
|---|---|
| ☑ | いつも疲れていたり、だるさがある |
| ☑ | イライラすることが多い |
| ☑ | 頑固なところがあり、人の話を素直に聞けない |
| ☑ | 将来に不安がある（ネガティブすぎるところがある） |
| ☑ | 朝食を食べずに通勤したり、空腹なことが多い |
| ☑ | 電車をよく利用する |
| ☑ | 睡眠が浅いと感じる（あまり眠れていない） |

- ☑ 部屋が汚れていても気にしない
- ☑ カーペットや床に敷くものなどを何年も替えずに使っている
- ☑ 物を捨てることが苦手
- ☑ お風呂はシャワーだけですませることが多い
- ☑ 自分に厳しすぎる（人にも厳しい）
- ☑ 正義感のつもりで意見を押し付ける
- ☑ 人や物のせいにして反省をしない
- ☑ 余計な一言が多い
- ☑ 人になにか言われるとすぐ落ち込んでしまう
- ☑ 損得勘定が働き、自分中心で言動する

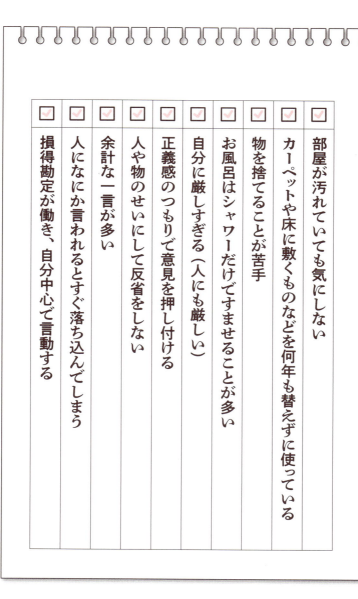

- SNSで批判的な書き込みをする
- レビューなど人の評価に厳しい
- 人を恨んだり、妬むことが多い
- 善意を受け取ってばかりいる
- ボランティアや寄付に無縁
- 出張や旅行でホテルに泊まることが多い
- 病院へよく行く
- 人の髪や体を触る仕事をしている
- 左側に痛みや違和感があってなかなかとれない
- 歴史ある建物や神社仏閣が好きでよく巡っている

- ☑ 御朱印を集めている
- ☑ パワースポット巡りが好き
- ☑ スピリチュアル関係の動画などをよく見て、信じている
- ☑ ホラーや心霊系の動画を好きでよく見る
- ☑ 古着や中古品を買って使っている
- ☑ パワーストーンのブレスレットを何年も身につけている

※チェックが多ければ多いほど邪気がつきやすい状況です。チェック項目は右から左にかけて邪気の度合いが強くなっていきます。実はこれらはリアルに邪気をつけていた人たちが行っていた行動です。後半にチェックが多くつく方は要注意なので、体調が悪くなる前に予防としての邪気ケアをすぐにでもしていただくのをおすすめします。何故こうした行動が邪気をつきやすくするのか、邪気ケアとともに紹介していきます。

# 気がしっかり巡っていれば、不調が寄ってこない

邪気がついてしまったら、一刻も早く邪気祓いで浄化することが大切です。
しかしそもそも、**邪気がつかないように生きていられたら**、それが一番ですよね。
ここからは、邪気が寄りつかない自分でいるために、どうしたらいいかをお伝えしていきます。

一章でお知らせした生活習慣で、気を強く、大きく、充実させたら、今度はそれをしっかり巡らせることが大切です。

**気が停滞しているところには邪気がつきやすく、巡っているところにはつきにくく**

い。これは、風通しのいい部屋をイメージしてもらえばわかりやすいと思います。

いつも風が吹き抜けていて、気持ちのいい部屋にはカビが生えにくいですよね。けれど風が通らず、空気が動かずジメジメしている部屋は、すぐにカビが生えます。

カビの胞子はどこにでもいるけれど、風通しのいい部屋では、たとえ胞子がくっついたとしても侵食する前に離れていくから、カビが増殖することはありません。

同じようなことが、気巡りのいい体と邪気の間にも起こります。

邪気は、洋服についたシミや汚れのようなものだと考えてください。うっかり食べ物をこぼして汚してしまっても、すぐに洗えばシミにならずにすみます。ところがそのまま放置してしまったら、汚れが繊維の奥まで染み込んで、とれないシミになってしまいます。邪気はそんなシミのようなものです。

## 体の気を巡らせるために、家の気も巡らせる！

体の不調や痛みには、気の巡りが１００％関係しています。気の不足や気の停滞が起こると、いろいろなところに不調や痛みの症状が出て、はじめて気づくということもあるのです。

では、気巡りをよくするためにはなにをしたらいいのでしょう。

**最初にやっていただきたいのは、自分のいる空間を整えることです**。

私は患者さんに会った時に、むわ～っとした感じや、メラメラジリジリとしたような熱気を感じる時があるのですが、話を聞いてみると、住んでいる部屋の中が汚かったりします。そして大体、不調を抱えていたり、家族の誰かが病気だったりすることが多いのです。

家に帰ったらすぐに換気して少しのスペースでもいいのできれいにするよう伝えるのですが、実践された方は口を揃えて「気持ちや体が軽くなる」と言います。

なぜそのように体感するのでしょうか。ここでも「気」が影響してきます。空気は、体の中にも流れていますが、空間にも流れています。空気といったほうがイメージしやすいでしょうか。部屋の中の気も、体と同じように動かさないと停滞します。そんな停滞した空間で生活したら、病気になるのもうなづけますよね。

気巡りをよくすることも、日常のちょっとした習慣によって叶えられます。

夜の間にこもった気を放出！

# 朝、起きたら すべての窓を開けて 空気を入れかえる

## 夜は〝陰〟、昼は〝陽〟

夜の間に、家の中には**〝陰〟の気が満ちます**。夜に窓やカーテンを閉めておくのは、過剰な陰の気が入ってこないようにするため。日が暮れたら窓はもちろんカーテンも閉めましょう。

また、眠ることで疲労が回復しますが、これは**寝ている間に疲労物質（邪気）を放出する**からでもあります。陰の気は重たく、下にたまるもの。朝起きた時には、換気をして、蓄積した陰の気を入れかえ、部屋の中の気を軽くしましょう。

## 新しい空気と太陽の光で部屋を軽くする

朝の空気は澄んで、思わず深呼吸したくなりますよね。それが、**朝の新鮮な陽の気です**。起きたらまず、家中の窓を開け、空気を入れかえましょう。

私は、日中は窓を開けっぱなしにしておくことが多いくらい、常に空気を入れかえています。雨の日は湿気が入るので、それでも5分くらいは開けていると思います。**これは必ず朝～午前中にやること**。夜にやってもあまり意味がないので、こもった空気の入れかえ程度に。

# 汚れた衣類はため込まない！1日1回の洗濯を

布ものは特に注意が必要

## その日着た服はその日のうちに洗濯する

一日中身につけていた衣類は、目に見えて汚れがついていなくても、ほこりや汗、皮脂がくっついています。それだけでなく、外出先で邪気をつけてきてしまったり、ストレスや疲れから、**あまりよくない気も染み込んでいるんです**。

なぜなら、邪気は布類が好きだから。すぐくっついてしまうので仕方がありません。なので、私はできるだけその日着た服はその日のうちに洗濯するように心がけています。

## 翌日洗うなら必ずふた付きで保管

毎日の洗濯は、洗濯物の量が少ないともったいないと感じるかもしれません。その日に洗わない場合は、部屋の気がよどまないようにするため、**必ずふた付きの収納箱に入れ、次の日には洗濯しましょう**。でも、邪気をまとった塊が家の中にある、と思うと、少なくても洗濯してすっきりしたくなりませんか？

また、入浴後に使ったタオル類も1回使ったものは洗濯機へ。湿気をおびているので雑菌が繁殖しますよ！

邪気を寄せつけない生活習慣 3

寝室は気をためる場所だから

# ベッドシーツはこまめに洗濯、ふとんは天日干し

## 気の充実は寝室次第 リカバリーできる空間に

枕カバーやベッドシーツ類はどのくらいの期間で洗濯していますか？　気がつくとしばらく経ってしまっていることが多いかもしれません。

人は寝ている間にコップ1杯の汗をかくといわれますが、**その日の疲れや邪気も体から出て、シーツに染みついた状態になっています**。ですから、やっぱり寝具類もできるだけ短い期間で洗濯しましょう。部屋の気もクリアになるので睡眠の質も上がりますよ。

## 布団や枕は太陽に当てて浄化する

シーツなどは、もちろん毎日洗えたら理想的。そうはいかないと思うので、毎日家にいるなら3日に1度が理想的です。**忙しくてもシーツと枕カバーは1週間に1度の洗濯を目指しましょう**。私は、枕カバーは専用のものではなくフェイスタオルを敷いているので、毎日、他の衣類と一緒に洗濯してしまいます。

干す時はできれば太陽に当てて。布団や枕も洗うのは難しいですが、天気の良い日には日光浴をさせています。

磨けば磨くほど巡りだす

# 洗面所も キッチンのシンクも 水回りをきれいに

## まずは水回りの掃除からはじめる

家の気を巡らせるのに、最も重要な場所は水回りです。他の場所が多少散らかっていても、水回りだけはピカピカにしておきたいものです。

**水回りの気が気持ちよく巡っていると、不思議と運気の巡りもよくなります**。特に金運、良縁に恵まれることが多いので、とても大切だと思いませんか？

状況がよくない時はＰ１０４を参考に日本酒を流して邪気祓いをして、悪縁を断ち切りましょう。

## がんばらない気づき掃除で気が巡る

とはいえ、大掃除をしなければいけないというわけではありません。きれいな状態をキープしたいので、**とにかく「使ったらさっと拭く」を習慣に**しましょう。いつもきれいな水回りは、目に入っても心地よく、家族も居心地よく暮らせ、自己肯定感にもつながります。

ちょっとした汚れにも気づきやすいので、また、さっと洗う、拭く、だけでいいのです。それだけで気持ちよく運気が巡りはじめる人も多いようですよ。

床掃除もしやすくなる！

# ラグも敷かないのが理想的。床には不要なものを置かない

## 帰ってすぐバッグを床に置くのはNG！

私たちが暮らす場所には「土地のエネルギー」があります。「ここは気がいいね」と言われる場所は、そもそも土地が持つ気もいいのです。

**ものすごく気がよくて、エネルギーを得られる場所に住んでいたとしても、床を散らかしていては台無し**、得られるエネルギーは半減してしまいます。これは帰ってきてすぐバッグを床に置いてしまうような習慣も入ります。「床にはものを置かない」を徹底しましょう。

## ゴミ袋から悪い気が広がる

特に注意したいのは、いらないものを床に置くこと。いつから積んであるかわからない不用品や、明日出すまで**ちょっとのつもりで、ゴミの入ったゴミ袋を置くなどもってのほか**です。置いた場所の床に悪い気が染み込むだけでなく、家じゅうに広がります。

不用品は処分し、いつまでも置いておかないこと。生ゴミ以外でまとめたものは、一時的ならベランダか玄関先へ置くと部屋の気が重くならないです。

自分の気がきれいになる

# 乱れやすい心を整える窓拭き、床拭き

## 窓拭きは気を清める

お休みの日など、体力がある時にやってほしいのが、窓拭きと床拭きです。**窓が汚れていると、いい気が窓に拒まれ、入ってくることができません。**つまりは、自分や家族にとっていい知らせが入ってこなくなるということですから、汚れに気づいたらきれいにします。

ただ、もったいないからといって、靴下や古いタオル、古着などで拭くのはNG。それ自体に邪気がついているので、邪気を撒き散らしてしまうことになります。

## 床拭きで邪念を祓う

体力がいりますが、ぜひやってほしいのが床拭きです。家じゅうをやるのは大変なので、私は少しずつやっています。

方法は、モップを使わずに、**手に雑巾を持って拭くこと。**頭を下げ、黙々と拭いていると、自分の至らなさや邪念、おごりまで取り払われます。床がきれいになるだけでなく、精神的な軌道修正や、自分の中から悪い気が出ていくような気がします。汚れにも気づきやすく、きめ細かい作業は、周りへの気づかいの心を作ります。

いい気が入ってきてほしいから

# 気の入り口になる 玄関は毎朝 きれいにする

## 毎朝の掃除でさっと整えよう

私は毎朝玄関掃除をしています。朝起きて、家中の窓を開けたあと、玄関も開けて掃除をするのです。とはいえ、**空気を入れかえながらさっとほうきで掃く**だけ。それでも気持ちが整っていくような気がします。普段は掃き掃除だけですが、時間があれば使い捨てのシートで扉やドアノブなどを拭いています。

毎日ですから、そんなに隅々まで行う必要はなく、心身が疲れない程度に、でもきれいを保てるようにしましょう。

## 悪い気が入りにくい玄関を作る

玄関は、多くの気が出入りする場所です。人混みから戻った日などいろんな念や気をつけて家に持ち込むので、**邪気を吸収しやすいマットは敷きません**。朝出かける度に、前日の邪気をつけて出かけることになるからです。玄関先の床を拭くのはもちろん、**照明で明るくしておくことも邪気を寄せつけにくくなります**。

いい気も悪い気も玄関から家に入り、家族の健康に影響しますので常にきれいにしておきたいものです。

気の停滞を招いて邪気だらけ

# 使っていないものを家に置かない！不要なものは処分する

## 捨てることで部屋が軽くなる

断捨離が流行っていますが、これは家の中の気にとっても、大事なことです。

私は出張で、健康になるためのお悩み相談を受け付けているのですが、家の図面を見た時になんだか気が重いな、と感じるのはたいてい物置やクローゼットです。ずっと着ていない服が山積みになっていたり、今は使っていない書類だったり。こうしたものは、気の停滞を招きます。**2年以上使っていないものや、着ていない衣類は捨てましょう**。

## 嫌な経験をした時に着ていた服は特に注意

特に服は着ていた頃の自分の感情が染みついています。その時に嫌な経験をした、事故にあった、失恋した、いじめられたなど、**人生の中でつらくしんどい思いをした場合は、気に入っている服でも不調が再発しかねないため、潔く処分しましょう**。捨てることで部屋の気も気持ちも、明るく軽くなっていくのがわかります。

ぬいぐるみや使っていない布団、敷きマットなどの布製品、紙の不用品も家には置かないようにしましょう。

頑張りすぎは気の不足につながる

# 疲れきって気力がない時はなにもしない！

## 10秒でもいいから手を止めて

疲れきって気力がなくなってしまった時は、**なにもしない、なにも考えない**というのが一番のクスリです。誰もが仕事や家事に追われ、忙しい、忙しいという昨今。そんな時間を作れる方はまだ幸せで、「なにもしない時間が作れません」と、気力を削って生きているような方には、「10秒でもいいから手を止めて、なにもしない時間を作る」とアドバイスしたこともあります。**ほんのひとときでも頭をからっぽに**……ぜひ試してください。

## 元気な人と交流する

人に会う余裕があれば、**自分より元気な人と交流して、気力を分けてもらいましょう**。自分より落ち込んでいる人とでは、そうはいきません。自分にも影響があるので、不調な時には会わないのが吉。逆に元気な人からは元気をもらえて自分の気も活性します。友達がいないのであれば、やはり元気な人のＳＮＳや配信を見て、気力をもらいましょう。今は、オンライン上で多くの人と交流できますから、波長の合う人を見つけて元気になりましょう！

脳にダイレクトな刺激!

# 気の停滞は天然の香りで解決いい香りを嗅ぐ

## 香りは脳に直結している

〝香り〟は五感の中でも脳にダイレクトに届きます。

具体的には、鼻の奥に香り成分が吸着し、嗅神経が脳に電気信号を送り、まず、脳の中でも記憶に関係する大脳辺縁系というところに届きます。香りを嗅ぐと一気に記憶が蘇るのはこのためです。

次に、信号は自律神経の活動を担当する視床下部へ。**自律神経に不調を感じたら、柑橘系などの香りを嗅いで整えましょう。**

## 天然の香りでリラックス

**香りは停滞した気を巡らし、緊張した気持ちを緩めてくれます。**私も、仕事で気をたくさん使いますから、1日の最後には好きな香りのアロマスプレーを使うのが楽しみです。

香りは邪気よけにもなるのですが、いいホテルは必ずいい香りがするので、大切な出張や面会はそんなホテルを選んだりします。ただし、脳にダイレクトに届くものなので、**人工的な香りは少々注意が必要。**天然の香りを選びましょう。

気の巡りがよくなるスポットへ①

# 緑がある場所、子どもが遊ぶにぎやかな場所へ

## 自然のエネルギーをいただく

なんとなく気分が重くなったり、気の巡りが停滞しているな、と感じたら、行ってみてほしい場所があります。

ひとつめは**緑が多い場所**。例えば、森があるような緑が豊かな公園があったら、木の下などで深呼吸。公園がなければ、例えば**お花屋さんなどでも、少しでも植物の気を感じられれば、私たちはいい気をチャージできます**。注意したいのは、海や川など水辺。疲れている時や雨の日は気が乱れるので行きません。

## 活気あふれる公園や観光地へ

人の活気を感じる場所もおすすめ。特に**子どもたちが元気に遊んでいる公園や学校のそば**は、明るいエネルギーに満ちています。また、観光客が多い場所も、気分が上がるような活気があるので、元気や楽しいパワーをいただけます。ただし、歴史のある神社やお寺は、観光地として有名でも、その土地の所縁《ゆかり》などが自分と合うかどうかわからないので、どうしても行く場合は、確かめてからにしましょう。人の念が集まる場なので安易に近寄らないのが正解。

12

気の巡りがよくなるスポットへ2

# お茶だけでもＯＫ！高級ホテルでいい気を満喫

## お得すぎる1杯のコーヒーが運気をアップ

私は実体験として「気がいい！」と感じる場所をいつもチェックしています。東京へ出張した時はホテルに泊まるので、いろいろなホテルに泊まり、ゲストルームやロビーなどで、感覚を意識してみるのが楽しみのひとつです。

不特定多数の出入りがあるので、ちょっと怖いところもありますが、**やはり名門と言われるホテルは、ロビーに入るだけでも格の高い、いい気を感じることができる**のでおすすめです。

## 疲れている時は老舗、元気な時は外資系

少し疲れている時は、歴史のある、どっしりとした気を感じるホテルへ。コーヒーを1杯飲むだけで数千円かかることもありますが、**そこで得られる運気を考えれば、お値段以上です**。

気分がのっている時は、外資系のラグジュアリーなホテルに行ってみてください。**上昇中の運気をさらに押し上げてくれる**効果があります。できれば大きな窓があって、陽光がさんさんとふりそそぐところを選んでみてください。

部屋の気を巡らせ運を高める

# 観葉植物は万能な味方。一目惚れの植物を持ち帰る

## 癒やしとエネルギーをくれる観葉植物は邪気も祓う

気を巡らせるために緑のある場所に行くことをおすすめしましたが、もちろん自宅に緑を置くのも正解です。自然のエネルギーが気を巡らせてくれるので、私は**自宅にも仕事場にも観葉植物を置き、エネルギーをもらい、癒やされています**。それだけでなく、邪気を祓う働きもあるようで、人間が気をもらうだけでなく、部屋の気を巡らせてくれます。逆に、悪い気に負けて枯れてしまったりするので、邪気の有無を知るバロメーターにもなります。

## 自分で選ぶから相性がいい必要な気をもらえます

では、どんな種類の植物を置いたらいいのでしょうか。ぜひ植物のお店に行って見渡してください。種類や、育てる簡単さなどよりも、**二度見するほど惹かれる、その周りが明るく見えるような植物**は、あなたにとって、今必要とする気を高めたり、補ってくれる植物です。

間違っても生きた植物を容器に閉じ込めたものやドライフラワーなどの加工品は買わないこと。呼吸できていない植物に気を巡らす力はありません。

気づかいが巡って奇跡をおこす

# 〝自分だけ〟はNG！ 誰かのために 〝気〟をつかう

## 大病で知った しあわせな気の使い方

「病は気から」というのは本当です。気の巡りがよければ健康でいられますし、停滞してしまうと病気になりがちです。

また、「気をつかう」という言葉がありますが、意外かもしれませんが、これもまた健康のために大切なキーワード。

気というのは**誰かのためにつかっても減ってしまうものではありません**。私は若い時に大病をして、健康のありがたみや周りの人への感謝を知ることができ、そのことに気づけました。

## 気づかい、思いやりが 味方になってくれる

自分のエネルギー＝気を自分だけでなく**周りの人のためにつかうことが、「気づかう」こと**。

困っている人がいたら手を差し伸べたり、人のためにしたことがゆくゆく自分に返ってくる。それは言葉にならない驚くほどの力があります。人のために気をつかい、徳が蓄積されると、自分が困った時に気が味方するので、こういったことが起こるのだと思います。目に見えない力ですが、相手への気づかい、思いやりを忘れずに。

口から邪気を入れないように

# 料理は明るく、気分よく、楽しく作る

## 愛情がスパイスは本当！

自分を含め、家族の健康を祈るのなら、料理は明るく、楽しく作りましょう。**人が作るものというのはすべて、作った人の気が入ります**。

だから、愚痴を言いながらいやいや作った料理と、気分よく楽しみながら作った料理では、入っている気が違うのです。

〝愛情が最高のスパイス〟と言いますが、これはおそらく本当のこと。食事を作る時にご機嫌でいることは、家族の健康のために何より大切なことなんですね。

## 外食でも雰囲気を感じて

では、外食はどうでしょうか。カウンター越しなら機嫌よく、元気で明るく作っている人のお店に行きたいですよね。厨房までは見えないかもしれませんが、店主やシェフの雰囲気は店内に伝わってきますから、やはり、**明るく、いい雰囲気のお店で食事をしましょう**。

不健康だったり、機嫌が悪かったり、疲れた人が取り仕切っているお店で食事をすることは、その重たい気まで口にするということなのでなるべく避けたいです。

邪気を追い出す体になるために

# 偏り、極端はやめて旬のものをバランスよく食べる

## "健康のため"と偏った食事をしない

では、食材はどうでしょうか。やはり、料理に使う食材もとても大事です。ただ、難しいことはありません。「●●健康法」などひとつのものばかり食べたり、半日でも食事を抜くなどの、**極端な"健康法"を避け、バランスよく食べること**が、悪い気を寄せつけない食事です。神経質にならず、幸せを感じながら食べることこそが邪気を追い払える体への布石になります。間違った食事法で心身を苦しめ、迷子にするのはやめましょう。

## 塩けや酸味で邪気を追い出す

体を強くするために食べるべきものは、旬のもの。**季節の野菜や果物、魚などを楽しみながらいただきます。また、天日塩を使うことで、体の中がどんどん巡ります**よ。減塩など、ご法度です。

もし体の中に邪気を感じたら、天日塩の他、酸っぱいものや辛いものを食べましょう。代謝が上がり、毛穴から汗と共に出ていってくれます。体に違和感を感じたら、その日だけでもいいので意識して多めに食べるようにしましょう。

# 負のループに入ったら
# いつもとは違う行動をとって気の流れを変える

## ルーティンを変えてみる

最近なんだかツイてない、スムーズにいかないと感じたら、念や邪気からの影響を受けていたり、気の悪さを疑ってもいいかもしれません。悪い流れを断ち切るには、いつもの行動を少し変えてみましょう。例えば、いつも朝はパンを食べているのをごはんに変える、スーパーへ行くのに違う道を通ってみる……といったことでOK。お風呂に入る時間とか、体を洗う順番など、**普段無意識でしている習慣を意識して変えてみます**。

## 良くも悪くも習慣が気の流れを作っている

この方法は習慣すべてを変える必要はなく、なにかひとつ変えるだけで停滞した気の流れがリセットされます。その日だけでもいいですし、ひどい状態だと感じているなら、3日ほど続けます。**意識して、新しいことやいつもはしないことを取り入れてみてください**。

逆にいうと、いかに普段の行動から自分を取り巻く気の流れが作られているかがわかります。うまくいかないと感じたら、試してみてくださいね！

COLUMN

# こだわりすぎは気の停滞を招く

メディアの影響などもあり、吉日に合わせて行動する人が増えた印象を受けます。

楽しみながらそうするならいいのですが、例えばよく見られるのが、こだわりすぎて吉日しか予定を立てないとか、お買い物をしないとか。

自分が思い立った日が自分にとっての一番の吉日なので、「今日はいい日でないからやめる」というのは、その人の運気の流れを止めてしまいます。

できれば全体の吉日にこだわらないほうが行動も軽くなり、気（運気）もスムーズに巡りやすくなります。

願掛けをすると念が入るので、気を重たくします。
なにかにこだわりすぎたり、日程や数字に縛られている状態になっていると、気が停滞し重たくなっていくのです。

本来ならば、軽やかにいい気が流れる縁起のいい日なのに、意識しすぎると本能で動けなくなるだけでなく、欲の日と成り下がり重くなってしまいます。

なので、たまたま行動した日が吉日だった！　ラッキー！　と思うくらいが軽やかでちょうどよく、理想は「思い立ったが吉日」です。

自分の気持ちや感覚を大切にすることは気の巡りをよくして、吉日以上に運気がよくなるはずと考えています。

COLUMN

# 日本人が陥りやすいストレスによる気の停滞

「気の停滞」が起きている人がとても増えています。気が体の中で巡らず、渋滞してパンパンになっている状態です。優しい人ほどストレスを抱えやすいようです。ストレスを感じた時には、すでにこの状態になっていると考えてください。

気が停滞するとイライラしたり、怒りやすくなります。自律神経が乱れて不眠や頭痛、ひどい時にはうつ病などの精神疾患にもなりかねません。免疫力も低下します。のどがつっかえる感じ、げっぷやおなら、お腹の張りなども起こります。

ストレスと気の停滞を解消するには、「完璧を求めない」ことが

一番です。

自分にも周りにも「絶対」や「完璧」を求めると厳しくなり、敵をつくり、そのせいで心身を病んでしまう場合もあるからです。

気の巡りのためには、ちょうどいい手抜きが必要。歌ったり、笑ったり、食事では酸っぱいものや辛いものを取り入れることで、気の停滞を解消させます。気巡りが改善すると気持ちにも余裕ができ、自分や相手を責めて苦しむことがなくなります。あなたらしい穏やかで寛容な心を取り戻しましょう。

しんどい時に炭酸水を1杯飲むとすっきりします。仕事帰りに「とりあえずビール」は、炭酸で気を巡らせるので理にかなっていますね！

# 第三章

# 自宅でできる邪気祓い

邪気はいろんなところに存在します。
どんなに気巡りをよくして予防していても、
邪気がつくのは避けられません。
じゃあ、ついてしまったらどうするのか?
ここではあなたの家を清らかに、
邪気祓いするテクニックを説明します。

## どうしても避けきれなかったら……
## 自分でできる邪気祓いを

不調の要因として邪気の影響を受けているケースは、みなさん気づいていないだけで、実はものすごく多いのではないかと、最近感じています。

どうして私がこんなに邪気の話をするのかというと、**本当に一歩外へ出たら、世の中は邪気だらけ**だから、なんですね。いくら気を巡らせて邪気を寄せつけないようにしていても、これだけ邪気があれば、全く邪気がついていない状態でい続けることは難しくなります。

でも、大丈夫。それほど恐れるものでもありません。

私の邪気に対する感覚は、相当危険なものでない限り、シミや汚れみたいなものだとお話ししました。毎日ご家庭で食器を洗ったり、洗濯するのは、汚れをきれいにするため。それと同じ感覚で、邪気祓いをしてほしいと思っています。

**汚れは早く落とせばすぐ落ちます**。同じように、**「その日の邪気はその日のうちに！」が鉄則**。なんだかいつもと違うなと感じたらすぐにケアをするのがおすすめです。

ここからは、実際に私が実践して、患者さんにも教えて効果が出ている、お家でできる本格的な邪気祓いをご紹介します。邪気は、ちゃんと正しくケアすればとれるものなので、対策さえしていれば怖くはありません。

できれば、これらのことをやる前に換気をして、部屋の掃除をし、不要なものを捨てておくとベストです。

自宅でできる邪気祓い 1

なんだか体が重い、おかしいなと思ったら

# なにはともあれ日本酒風呂を試してみる

## 体が一気に軽くなるイチオシの邪気祓い

**なんとなく体が重たかったり、違和感を感じる、あまり感じのよくない場所や人混みのある場所へ行った日**には、日本酒風呂に入って邪気を抜きます。悩みが深い人と会うことでも邪気を受けます。特に、悩みなどの内邪は頭痛がしてしんどくなるので、私は出張の時は必ず寝る前と朝に入ります。お酒は糖類を添加していない「清酒」。純米酒でなく、原材料が「米、米麹、醸造アルコール」のものがいいです。コンビニなどでも手に入れられます。

## 日本酒風呂のやり方

**お風呂に清酒を600㎖入れ、5分から10分浸かります**。タイマーをかけて10分経ったら必ず出ましょう。そうしないとせっかく体から出た悪い気が、再度体に入ってしまうので注意します。お湯は使いまわさず、すぐに流しましょう。お風呂場と体もシャワーで軽く流します。**毎日入る必要はなく、週に1度や月に1度など、メンテナンスにもおすすめ**。長年の不調や体調がひどく悪い時などは連日入ったり、お酒の量を増やしてもいいですよ。

COLUMN

# お風呂にまつわる注意事項

## 日本酒風呂の量は適正？

日本酒の量は600mℓとお伝えしましたが、これは私が実験を重ねて導き出した「最低限の量」です。

1ℓ入れると超強力風呂になりますが、いくらリーズナブルな紙パックの日本酒を使うにしても、頻度が多くなるとぜいたくですよね。でも少なすぎると効果がなく、逆にもったいないと思います。

これだけは入れないと効果がないというギリギリの量が600mℓなので、必ず1回600mℓ以上は使ってください。

## 家族と一緒に住んでいる場合は…

自分が日本酒風呂に入った後に、続けて家族が同じ湯船に入るのはおすすめできません。家族が邪気を再吸収することになってしまうので、一人ずつ新しいお湯に替えましょう。

また、家族が入った後のお湯に日本酒を入れて入浴しても構いません。ただ、普通のお風呂でも家族の汚れや邪気は多少浮いていますから、浄化の効果は下がります。

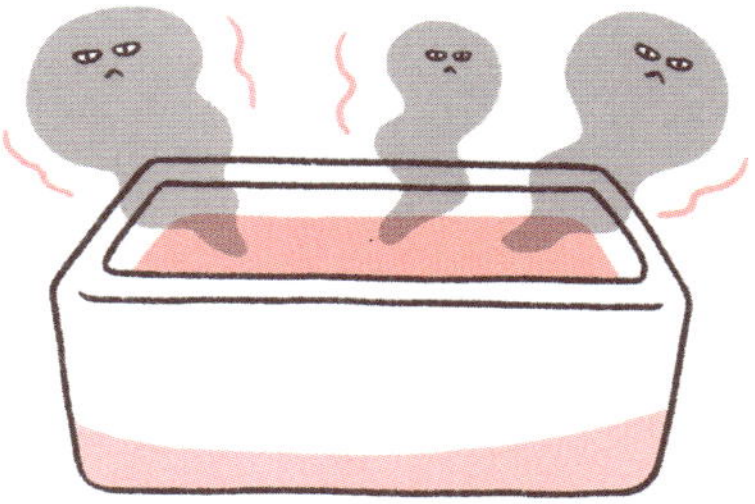

## 温泉や大浴場では

温泉や大浴場などは、解放されてとても気持ちがいいものですが、不特定多数の方が出入りする場でもあります。邪気が気になる方は、入浴後にしっかりシャワーを浴びて、部屋に戻ったら寝る前などに部屋風呂で改めて軽く入浴し直すといいでしょう。

自宅でできる邪気祓い

2

下半身の健康と密接な関係が！

# トイレに日本酒を入れ ふたをして10分、すぐに流す！

## トイレは悪い気が集まりやすい！

家の中で最も悪い気が集まりやすいのは水回り。特に**トイレは家の中で一番重要です**。トイレは「不要なものを流す」場所ですから、悪い気に好まれやすく停滞しやすいのです。もし、寝室からトイレが近い場合は、下半身の健康や異性問題にも影響するため、定期的な浄化が必須。

浄化をして徹底的にきれいにしておけば、住んでいる家族全員の健康につながるだけでなく、仕事やプライベートの人間関係、お金の巡りもスムーズになります。

## トイレの浄化のやり方

まず**トイレには余分なものは置かずに**、掃除をし、スリッパは定期的に新しくします（トイレマット、便座マットなど布類は邪気を吸収しやすいので私は使いません）。清酒を最低６００㎖をトイレに注ぎ入れ、ふたをして10分おき、すぐに流すだけ。**大きな問題を抱えている場合は、１ℓ流してもいいでしょう**。頻度は、不調がある場合は週に1回を半年継続します。問題がなく予防的に行う時や、落ち着いてきた頃には月1回で大丈夫です。

家や身の周りに違和感を感じたら

# シンクや洗面所、すべての排水溝に日本酒を流す

## 徹底的にするなら すべての水回りに！

自宅の居心地が悪い、家族の悩みがある、相当な不調を抱えている場合などは、家じゅうの浄化が必要です。**水回りの排水溝すべてにお酒を流し、家ごと邪気祓いするとすっきりします**。

キッチンシンク、洗面台、お風呂場のすべての排水溝に、それぞれ600㎖の日本酒を流しましょう。流したらそれで終わりだから簡単です。流す頻度は、トイレの場合と同じになります。

## 簡単にできて しっかり効果が出る！

もし、排水溝にお酒を流した後のにおいが気になるようなら、水を流してもOKです。私は初めてこのケアを実践した時、トイレと水回りをすべて一緒に行ったのですが、体が一瞬ふわっと浮くような不思議な感覚になりました。

**自分で簡単にできることで、ここまで効果が感じられるものはなかなかない**ので、「これはすごい！」と思い、いろんな方におすすめしています。

少量でも効く！

# 玄関や駐車場も！日本酒を流して〝結界〟を張る

## 玄関から悪いものが入りませんように

家に帰ってき時に、邪気を家の中に持ち込みたくない……という場合は、**玄関先（一軒家なら門の外側）に日本酒を流します**。集合住宅などの場合は、ベランダが門の代わりになります。

量は少なく、100〜200㎖を、家を守る結界線を引くようにちょろちょろと流すだけです。特に川、海、病院、神社仏閣のそばの家は気が乱れやすいので必須です。月に1度の頻度で行い、自分と家を守りましょう。

## 乗り物も邪気祓いで事故防止

日本酒を使った邪気ケアは、交通事故を防ぐのにもひと役買います。**車、バイク、自転車など、乗り物の周りに日本酒100〜200㎖を線で囲うように撒きます**。線はとぎれとぎれになっても問題ありません。乗る本人がやっても、家族がしても大丈夫ですし、近所の駐車場などどこで実践しても大丈夫。雨の日にしても、効力は薄まりません。月1回程度行いますが、人混みや遠出する前にはその都度するのが安心！

家の中の空気がすっきり

# 邪気を吸収しやすい
# 壁紙やソファなど
# 布ものをケア

## 壁紙には邪気が染み込んでいる

壁紙は邪気を吸収しやすい部分です。住人の悩みや邪念、ストレスまで吸収しています。

やり方は簡単で、**アルコール消毒液をスプレーして、新しい雑巾や布で拭き上げるだけ**。シーズンごとがベストですが、年に1度でも構いません。ただし、賃貸の場合は使用していいか素材を確認しましょう。

中古物件に引っ越す場合は、前の住人の悩みや邪気まで受け取らないように、必ず新しい壁紙に変えてください。

## 洗えない布類は日光に当てて

布類は邪気を吸収しやすいので、年に1度の大掃除では、**カーテンをすべてはずし、洗濯しましょう**。

布地でできたソファやマットレス、椅子なども邪気がたまりやすいところ。**洗濯ができないものは、天気のいい日にできれば1時間ほど日に当てて、邪気を祓います**。

布は気や念を吸収するので、中古品は健康のためにも絶対に使わないようにします。なるべく家具は布製以外のものを選ぶのも手です。

軽度の邪気ならこれでOK！

# 天日塩を溶かした塩水で〝お清め〟拭きをする

## 塩水で予防的に床を拭く

床も邪気がたまりやすいので、アルコールで拭くのが理想なのですが、素材にもよるので難しい場合があります。

そこで、**塩を使ってケアをしましょう**。アルコールや日本酒に比べると、効果は弱くなりますが、少しの邪気をケアしたり、予防の場合は、塩でもいいと思います。邪気を祓う力は弱いので、1度ではなく、何度も繰り返し行うといいでしょう。併せてトイレなどでは日本酒でのケアも必ず行ってくださいね。

## 天日塩の自然の力で浄化する

**塩は必ず天日塩を使います**。加工塩では意味がありませんので注意してください。洗面器などに水を張り、**天日塩をひとつまみ溶かし、雑巾をぎゅっと絞って使います**。あとは普段の床拭き（P66）と同様に、モップなどは使わず、自分の手で拭き上げるのがおすすめです。

拭いている最中や、拭いた後は、窓を大きく開けて換気し、邪気を外に追い出しましょう。きっと普段より空気がすっきりするのがわかりますよ！

自宅でできる邪気祓い 7

外出から帰ったらやっておきたい

# 天日塩を使った手洗い・うがいを！塩を持ち歩く

## 盛り塩では悪い気を祓えない！

玄関先などに盛り塩をしている人を見かけますが、盛り塩で悪い気を撃退することはできません。

ただ、**気を「清める」「整える」ことはできます**。神社の行事では海水に入って身を清めることもあるし、お葬式などから帰った時に体に塩をかけるのもその一環でしょう。つまり、**邪気まではいかないような、軽度の念を落とすものです**。そこで手軽な「清め」として、塩を使ったうがい、手洗いがおすすめなのです。

## 手洗い・うがい習慣に塩を使う

苦手な人と会話する前後や、偽りのない言葉を話す時などに塩うがい、人に触れた時などは、手洗いに塩を使って浄化します。**日頃の習慣だけでなく、対人関係でお悩みの方にもおすすめです**。

塩は自然のパワーをもらうためにも必ず天然の天日塩にします。私は塩を少し持ち歩いていて、外出先でも気のよくない場所を通った時、人混みを抜けた後には塩を使ってうがいや手洗いをします。驚くほど気分がすっきりしますよ！

実は強力な邪気祓いアイテム

# これだ！と思ったパワーストーンは体の左側に持つ

## 水晶のクラスターは万能なパワーストーン

水晶などのパワーストーンは、邪気祓いとしては日本酒よりもパワフルなアイテムです。特に**クラスターといって、複数の水晶がまとまって成長した原石は、空間の浄化にも使える便利なもの**。ただしクラスターは、ちゃんとした本物を買うとかなりのお値段になってしまうので、一生ものと考えるといいでしょう。

そこまで高価なものでなくても、信用できる店で、直感で気に入った石を選ぶのもおすすめです。

## 本物の石はサプリ以上！人工石には気をつけて

パワーストーン初心者でも取り入れやすいのは、タンブルと呼ばれる、小さな石をバラでひとつずつ売っているものです。いきなりブレスレットにするのはお金がかかりますし、**まずはタンブルでお気に入りの石を見つけるところからはじめてみましょう**。ただし、人工石を選ぶと、念や邪気を身につけることになるので注意が必要です。

石を身につけるのは、必ず体の左側、寝る時に枕の左側に置きます。ちなみに、右だと自分ではなく周りに対して働きます。

ずっと使えるわけじゃない

# お役目を終えたパワーストーンとはさよならする

## パワーストーンは時期がきたら処分する

昔、流行った時に買ったパワーストーンのブレスレット、もう10年以上経ったのにまだ持っていたりしていませんか？

買ったらずっと使えると思われがちなのですが、**その人の邪気や悩みを吸収したり、望んだ結果が出たりして石が働いたら、お役目終了になります**。

ずっと持ち続けていると、日本酒風呂と同じで、せっかく石に吸収した邪気が逆流するので、なんのために購入したのかがわからなくなります。

## 最近身につけてないな、と思ったら手放し時

処分したほうがいい石の見分け方のポイントは、**いつの間にか身につけなくなった時、つけたくない気がする時、生活にいい変化が起こった時**（本人にとって望ましい結果になるので、必ずしも望んだことが叶うというわけではない）。処分の方法は自宅の敷地の土に埋めるか、神社やお寺でのお焚き上げの利用になります。神社やお寺でのお焚き上げは受け付けてくれるところとそうでないところがあるので、必ず問い合わせしてから持っていきましょう。

人の念を受けると不調につながる

# 1日1回、スマホやPCの電源を切る

## スマホやPCの浄化方法

ネット上にはさまざまな情報があふれています。いいものばかりでなく、スパムや目にしたくない内容の知らせもあるはずです。また、映像やメールは送り主の念も一緒に飛んできます。それらは目から飛び込んでくる邪気のひとつです。影響を受けないようにするには電源をオフにすること。パソコンは仕事が終わったらオフにしますが、スマホは電源が入ったままのことが多いです。**1日1回、電源をオフにすると簡単な浄化になりますよ。**

## 余白がないと入らない！ 詐欺の予防にも

毎日仕事でもプライベートでも見る**パソコンやスマホの〝中〟は、部屋と同じようにきれいにしておきたい場所**。ごちゃごちゃしていると思考もすっきりしません。不要なファイルやメールは定期的に捨ててすっきりさせておくと気が巡り、いいニュースが飛び込んでくるかもしれませんよ。

デジタル機器には日本酒での邪気ケアはできませんから、水晶のクラスターの上に半日ほど置くなどのケアをしてみてもいいですね。

COLUMN

# 浄化能力が高いのは日本酒＜パワーストーン

邪気祓いに使うアイテムについて考えた時、日本酒より強力なのがパワーストーン。それよりさらに強力で、いわゆる悪霊という、邪気を超えたものは神職の方によるお祓いが必要になります。

ただ、パワーストーンは少し難しく、素人では人工石と見分けがつかないため、逆に邪気を身につけてしまうことがあり、危険を伴い、注意が必要です。信用できるお店で買うならいいですが、安易に購入して使わないほうが無難です。

それに対して、誰でもすぐに気軽に使えるのが日本酒のいいところ。スーパーで大容量の紙パック日本酒が手に入りますから、ぜひ試してみてください。

買う時は原材料名を必ず確認し、純米酒ではなく、「米、米麹、アルコール」と書いているものを選びましょう。その意味は、少量でもアルコールが入っているほうが浄化作用が高いからです。私はよく「月桂冠」を使っています。

最近はＹｏｕＴｕｂｅなどで一般の方が自己流で除霊やお祓いをする例なども見受けられ、こちらも信用できる人かどうか見極めるのが難しくなっています。実は、ど素人で悪霊だらけで憑依された危険なケースも。そんな人とつながるとどうなるか？想像しただけでも恐ろしいことです。どうしても〝お祓い〟をしてもらいたい場合は、きちんとした神職の方なのかどうか確かめてから受けましょう。

# 第四章

# 出かける時こそしっかり邪気ケアを！

人が集まる場所には、邪気も集まります。
普通に会社に通勤したり、
観光地に旅行に行くだけでも、
知らずに邪気を持って帰っていることも。
できることなら、なるべく邪気の少ない、
いい気があるところに行きたいものです。
人混みに行く時に気をつけることも紹介します。

## 意外な場所でもらってくることも人混みで邪気を寄せつけない心構え3か条

邪気は人が集まる場所に集まってきます。満員の通勤電車や観光地、ホテル、病院など。**敏感な人だと、人混みを歩いたり、人と会うだけでもなんとなく体が重くなったり、肩こり、痛みや違和感、倦怠感などを感じることもあります**。それだけ人はいろんな念を持っていることがわかります。

私は邪気に敏感なので、なるべく人混みは避けて通るようにしていますが、仕事などでどうしても出かけなくてはいけないこともありますよね。そうした時、なるべく邪気を受けないよう、特に気をつけてほしいことがあります。それは

・すきっ腹で出かけない
・前日はよく眠る
・疲れをためない

この3つです。

**邪気を引き寄せやすい体の状態というのは、「空腹」「寝不足」「疲労」**。つまり、朝の通勤ラッシュで、前日の疲れを引きずり、寝不足のまま、朝食も食べずに電車に乗った状態ですね。その場合、体はスポンジのように邪気を吸収しやすい状態になっているので、知らないうちに心身を病んでいくのがたやすく、とても危険な状態です。

このことを気をつけたうえで、どこに行ったらいいのか、注意点をお知らせします。

もれなく邪気だらけになる！

# 〝念〟や〝欲〟だらけのパワースポットにご注意を！

## パワースポットに行ってみたら……

パワースポットという言葉を知らない人はいないでしょう。流行しはじめたのは1990年代のオカルトブームからといわれています。大地のエネルギーを貰える神聖な場所であり、そこへ行けば奇跡のように運気が上がる、心身が癒やされるなどと言われています。

**私も行ってみたことがあるのですが、そこは心地いいどころか少々気分が悪くなってしまいました。**それはなぜなのか考えてみました。

## なぜマイナスの場所になるのか

これは私が行ったパワースポットが特別よくなかったわけではないと思います。もともと気が強い場所なのかもしれませんが、昨今のブームで、**「運気を上げたい！」という気持ちの強い人たちが多く集まり、気を乱してしまっているのではないでしょうか。**

もし、癒やしのパワースポットを探すなら、三章の邪気ケアを徹底し、自宅をパワースポットにすればいいのです。毎日いられるのですから最高ですよ！

あちこち浮気しないのが吉

# まず行くべきは氏神神社！それだけで十分

## 月に1度は氏神様に挨拶しよう

自分の家の氏神様をご存じですか？「知らない」という人も意外といるんです。**氏神様はその土地を司っている神社の神様です**。わからなければ役所に問い合わせれば教えてくれます。

自分にとって一番大切な氏神様を無視して、旅行先など有名な神社を参拝するのはナンセンスです。そんな無礼なことをしていたら、守りの結びつきが弱くなってしまいます。理想は月に2回、最低でも月に1回は感謝を伝えにいきましょう。

## 氏神様を参拝すると起きること

氏神神社を参拝する時はお願いごとをするのではなく、**日々の感謝やお礼を伝えます**。「いつも見守っていただいてありがとうございます。おかげさまで今日も無事にお参りできました」と唱えています。すると氏神様はここぞという時に〝応援〟をしてくれているように感じるのです。神聖な神社に行けば気も晴れ晴れしますし、体が軽くなります。**足を運ぶだけで憑《つ》き物がとれる感覚を感じることも**。心身を整えるためにもぜひ。

次はどこへ行く？

# 旅行に行くなら活気がある場所や新しくできた施設に

## 新しいエネルギーに元気をもらえる

旅行先を決めるのはとても楽しいものです。忙しい毎日から非日常へ出かけ、心も体もリフレッシュされます。

私が選ぶのは**〝活気がある〟場所、国や都市、街です**。新しくリニューアルされた施設も新鮮な気が流れておすすめ。

ホテルはもちろんのこと、旅先で訪れるであろう観光地も活気があって、地元の人にも愛されているかどうかをチェックします。そのエネルギーをたっぷりいただけるのもありがたいですよね。

### 旅行に出かける時のポイント

- 元気な場所を選ぶ
- 自分も元気な時に行く（不調の時は無理をしない！）
- 自分が好きな、体調が合う季節に行く
- お盆期間は避ける

遊びでもNG

# 暗くてジメジメ、嫌だと思う場所には安易に近づかない

## 嫌だと思ったら第六感を信じて

心霊スポットに行かないほうがいい、というのは、〝気〟を大切にするなら方ならわかると思います。でも心霊スポットとして有名でなくても、例えば**暗くてジメジメした場所、廃墟、お墓などは安易に近づかないほうがいい**と思います。特に疲れている時や空腹時、自分の性格が優しすぎると感じる人はNGです。

人には〝第六感〟という危機管理能力があるので、〝なんだか嫌だな〟と感じる時は素直に従いましょう。

### こんな場所には近づかない

- なぜか人けが少ない場所
- 暗くてジメジメした場所
- 廃墟、廃屋
- 戦があった場所
- 偉人や武将の墓
- 歴史上、人が多く亡くなった名跡、城など実際に乗って検証！

# 新幹線に乗るなら左側の窓際、自由席を選ぶ

## 新幹線は左端に席をとる

私は出張で新幹線に乗る機会がありま す。締め切られた空間で長時間過ごすため 気の流れもよくなく、人の念も飛び交い、 同じ空間でその気を共有することになるの で、健康への影響が心配です。

**絶対ではないですが、悪い影響を一番受けにくいのは、左側の窓際の席です**。邪気は基本的に体の左側に受けるので、左側に人がいない席がベストなのです。左が通路だと多くの人が通るので、一番影響を受けやすいと言えます。

## 自由席で楽しい気をもらう

新幹線の車両でどこがいいか、出張の際に乗り比べをしてみました。ビジネス向けの車両は3人席に間仕切りがあるのはよかったのですが、仕事をする人が多くストレスや疲れが発散されています。また人の念が強いのか、願掛けで人気がある数字の車両（3・5・7・8号車など）では気が重く、逆に、不吉と避けられる数字の車両（4・9号車など）の空間は軽くて快適でした。

**自由席は旅行を楽しむ若者が多いせいか気が軽く、逃げ場もありおすすめです**。

寝るだけだからどこでもいい？

# 寝る場所だからこそホテル選びは超重要！

## 空気を入れかえる時間を設ける

旅や出張でのホテル選びはとても重要。いろいろな事情を抱えた人たちが眠って気を発散し、念を残しているからです。**私がホテルでまずやることは、換気です**。開けられる窓はすべて開け、空気清浄機があればオンにします。そして、水晶クラスターを部屋に置き、30分以上外出して空間を浄化してから滞在を始めます。換気ができないホテルの場合は、アルコール除菌スプレーをまいてから1度外出します。戻った時に驚くほどすっきりしていますよ。

## タオルを1枚持っていく

なんだか変な感じがする部屋だったら、それは第六感のサイン。邪気で体調不良になる前に部屋を変えましょう。また、**コンビニで日本酒を買ってきてお風呂に入れたり、トイレなどの水場に流して邪気ケア**（P102）**するのもおすすめです**。私は必ずタオルを1枚持っていき、枕カバーに重ねたり、気になるところに敷きます。また、やはり土地の問題もあるので不幸な事件や史実があったエリアには泊まらないという選択もあります。

病の〝気〟に注意

# 病院に行く時は早めに帰って邪気祓いをする

## 病気の人が持つ〝気〟

病気の人は、また独特な気を放っています。**不調だけでなく、痛みや将来への不安などのストレスも強いからです**。長く看病されている場合、家族もその違和感に慣れてしまうため、知らないうちに不調を抱えることも。この気は感染のように周りの人にもついてしまうのかもしれません。もし家族が病気の場合、ずっと付き添わなければいけない場合以外は寝室を別にしたり、手洗いを頻繁にして、日本酒を使ったケアをこまめにするようにしてください。

## 病院に行った後は健康のために邪気ケアを

病院に勤めていたり、自分が調子が悪くて頻繁に病院に行く場合も同様です。**病院からはなるべく早く帰り、すぐに手を洗い、うがい、できれば早めに日本酒を入れたお風呂に浸かりましょう**（Ｐ98）。お勤めの場合はもらいやすいため週に1度以上のケアがおすすめ。

体が重いな、と感じたら、少し回り道をして家に帰ったり、氏神様へ寄ったり、清酒で玄関に結界を張る（Ｐ１０６）などのケアもしておきましょう。

縁切りレベルの最強効果

# 髪を切って邪気&厄をバッサリ落とす

## 神社より厄が落ちる美容室

髪を切ると気持ちまで軽くなりませんか? **カットすることで、邪気や厄を髪と一緒に落とすことができる**からです。厄とは、人生の災難や困難のこと。もしかしたら、神社よりも美容室のほうが落とせるのでは? と密かに思っているほど、効果てき面です。とにかく気軽にできるのでおすすめ。私は出張などから帰ってちょっとでもおかしいなと思ったら美容院へ行き、髪を切ります。行けない時は、自分で毛先を数ミリだけ切ったりするほどです。

## 「髪には神が宿る」

髪の毛を切るという行為は、「髪には神が宿る」と言われ、**古来は儀式や浄化として行われていたほど神聖な行為だった**ようです。私も、髪を切るたびに実感しています。

不思議と美容師の方には霊感が強い方が多く、私が通っている美容室もそう。調子の悪い時に行くと、髪になにか重たいものがついていると指摘されます。

簡単に髪を切れる現代。ぜひ、体調に合わせて取り入れてみてくださいね。

COLUMN

# この職業の人こそ気をつけよう！

健康であっても邪気を避けられない、という業界があります。毎日邪気を受け、念をもらうのは、「人に会う」「人に触れる」職業です。

特に医療、介護、美容室、エステなどのサロン関係は、病気や不調を持った方たちの体や髪に触れるため、自身も心身の不調を抱えやすくなります。

しかも慣れというのは怖いもので、毎日そのような邪気にさらされていると、自分の状況がわからなくなってしまう人もいるのです。こうした職業の方々は、まず、自分が日常的に邪気にさらされていることを自覚して、対策をとっていくようにおすすめしたいです。

かくいう私も、鍼灸師という仕事では不調を抱えた患者さんと相対しますから、常に気をつけています。予防線としてできることは、仕事の際に睡眠不足と空腹だけは避けること。

また、人に触れたら可能な限りすぐ、その都度手洗いをします。ここでは塩を使わなくてもＯＫ。頻繁に手洗いをすることで、邪気がつくダメージを最小にすることができます。

ちなみに、接客業ではないけれど、不特定多数の人が触れるものを触るお仕事の場合も同様で、合間に手洗いを入れることで邪気から身を守ります。特に気をつけたいのは、自宅訪問をする職業。住人の様々な邪気や念を受けるので相当なダメージになり、強力な日本酒の邪気ケアが必須です。

COLUMN

# 邪気から身を守るための〝気の持ちよう〟

家の中をきれいにしたり、出かける時に邪気ケアをしていても、心が不安定だとちょっとしたことで隙間ができて、あっという間に邪気だらけになってしまうこともあります。

邪気は、不安な心や気が停滞しているよどんだ空気が大好き。例えば仕事で失敗して落ち込んでいたり、家族や同僚に対して不満を持っていたり、そんな気持ちの隙間に入り込んできます。

それを防ぐため、私が「気持ちの問題」として心がけていることがいくつかあります。これを実行してもらうだけでも、邪気が入りにくい、入ってもすぐに出ていく心身になりますよ。

よく、病は気からと言いますが、本当のことなんです。

## 私がいつも心がけていること

・自分を大事にして余裕をもつ
・人と接する時はていねいに
・悪口を言わない
・自分から笑顔を向ける
・不安になりすぎない
・自分の機嫌は自分でとる
・おいしいごはんを食べる
・好きなものや楽しいことを見つける
・面白いものを見て声を出して笑う
・どうしようもなくなったらなにもしない

# 第五章

# 知らずにやっている？
# 邪気を引き寄せる行動

これまで邪気を寄せつけず、
祓うためのメソッドをお伝えしてきましたが、
実は知らないうちに邪気を引き寄せている可能性もあります。
例えば、中古品を好んで買っていたり。
住んでいる場所がよくなかったり。
まさか！　な、邪気を引き寄せる行動について解説していきます。

## 家に入れない、増やさない！
## 邪気まみれのアイテムに気をつけよう

「自宅でできる邪気祓い」の項目で、不用品を処分するということを提案しましたが、不用品だけでなく、邪気まみれかもしれないアイテムがいくつかあります。

それは**「人の手を渡ってやってきたアイテム」**。例えば手作りのものだったり、長年誰かが愛用していた洋服だったり、儲けようと思って作り出された開運グッズ。そして千羽鶴などの祈願されたもの。

そういったものは、作った人や使っていた人の〝念〟が入るのですが、その人が持つ悩みまで念となるので、どうしても重たい気を受け取ることになります。

**〝念〟、それは邪気に転じていくものなのです。**

念が入っているとか言われても、例えば手作りの品などは、善意で作ってくれたのでしょうし、一見邪気とは関係なさそうに見えます。

でも人の念というのは結構やっかいなもので、そんなつもりはなくても邪気として受けてしまうことになるのです。

次ページからは、〝やってはいけない〟邪気にまつわる行動をお伝えします。邪気はとにかく自宅に入れないこと。住居は清らかで居心地のいい場所にし、邪気をまとったものは極力家の中に入れないようにしたいものです。健康に直結する邪気のことを知らないのはもったいない！　しっかり対策をすれば、人生が劇的に変わりますよ。

リサイクルには邪気が宿る!?

# 中古品の掘り出し物を探すのはやめて、極力新品を買う

## モノには念がのってしまう

誰かが使ったことのあるもの、つまり**中古品を買うのは、前の人の邪気や厄を引き受けることになります**。フリマアプリやオークションで手軽に中古品が手に入れられる現在、確かにお得な買い物かもしれませんが、目に見えないよくないものがついてきてしまうことを考えると、果たして本当にお得でしょうか？　モノに念がのって届くのはもちろんですし、売り手がどういう人かもわかりません。まず、健康のためにも使わないのが無難です。

## 中古で済ませるのはおすすめしない

どうしてもお子さんは成長が早いので、兄弟がいる場合は下の子におさがりを着せたり、親戚や友人からおさがりをもらったりすることもありますね。できれば、**数は少なくても新品を買ってあげましょう**。

その他、中古車を買っている人は多いですし、フリマアプリで洋服を買うことも一般的になっています。ただ、私はどうしても中古品には邪気を感じてしまって落ち着きません。運を下げたくなければ、新しいものを手にしましょう。

紙は邪気がつきやすいから

# 図書館の本はその場で読んで家に持ち帰らない

## 図書館で気をつけたいこと

リサイクル品は人の念や邪気、厄ごと受け継ぐ行為なのでやめたほうがいいとお伝えしましたが、図書館も気をつけたいポイントがあります。それは、**図書館の本はその場で読み、自宅に借りて帰らない**ことです。

そもそも、紙は布と同じで、邪気を吸収しやすい素材です。不特定多数の人が触った本は、相当な念が蓄積されたものになるため、絶対に家には持ち帰らないようにしてください。

## その場で読んで返すこと

新品でない限り、**長年多くの人の手に渡ってきた本には、その人数分の念がついています**。それは、その本を通じて全員で同じ悩みを共有することにつながり、不調の原因になりかねません。まさか、そんなことで？　と思われるかもしれませんが、人の抱える悩みや不安というものは言葉では表現できないほど大きく、深く、重たいものなのです。

本は、なるべくその場で読んで、図書館から出る前に必ず手洗いをします。

運気を上げるためのものなのに……

# 開運グッズは邪気だらけ御朱印も集めない

## 開運グッズは買う前によく考えて

「○○にいいお札」とか、「幸運のブレスレット」とか、「幸せになれるネックレス」とか。世の中の開運グッズには目を見張るものがあります。でも「この絵を貼るだけでよくなる」とか、冷静に考えたらおかしいことも、不安で心が乱れている時は正常な判断ができず、また、病気の時は藁《わら》にもすがる思いで手を出してしまいます。**精神的に病んでいる時は=邪気が心身を侵している状態なので、そういうものに惹かれやすい**のです。

## 御朱印も集めるのをやめた理由

なんでも願掛けをするのは、気を重くするのでやめましょう。願掛けは人間の欲望から生まれ、それは邪念となり、運気が上がるどころか、逆に足を引っぱられ、落ちていくものです。

また、最近は神社巡りとともに御朱印を集めている人も多いですが、**御朱印は書いた人の念が入る**ので、多数の念を家に入れることになります。神職も同じ人間で、悩み、不安や病気を抱えることもありますから、そういう気を受け取らないように。

故人の悩みを共有する?

# 思い出はいいけれど遺品は長く持ちすぎない

## 遺品整理は心を引きずらないで

家族が亡くなった時、悲しみの中で遺品の整理をするのはつらいものです。つい多めに残してしまったり、まだ使えるからと自分で使おうとする人がいますが、基本的に遺品を使うのはやめましょう。

**故人との思い出は心の中にしっかりしまって、遺品そのものは可能な限り早めに処分する**ことをおすすめします。

あまりにあなたが引きずって悲しみの中にいると、故人も心配して成仏できずにこの世をさまよってしまいかねません。

## 遺品を大事にすることは故人の悩みを共有

例えば亡くなった親の持ち物を使うことや、遺品を大事に保管するということは、親の悩みを共有することになります。なぜなら、**親のものを使うということは、親が生前に抱えていた、あなたが知らない悩みをあなたが引き継ぐ形になるからです**。親もあなたと同じで、生きている間はいろんな悩みがあったはずです。そういうものを良くも悪くも、すべて、受け取るということに。それでもいい！ という人もいるかもしれませんが、故人はそれを望みません。

水があると邪気を受けやすい？

# 川や海、〝水〟に関係する場所の近くには住まない

## 水の近くは気が乱れる

人は眠っている時、とても無防備な状態で、邪気がつきやすくなります。つまり、住んでいる場所というのはとても重要なのです。一度住んでしまったらそうそう引っ越せませんから、当たり前ですが住む場所は慎重に選びましょう。

私からのアドバイスはただひとつ、**川や海など、〝水〟のそばに住まないこと**。見えなくても道路の下に川が流れている地下水路や、昔あった川や沼を埋め立てているところは特に避けてください。

## 日本酒で邪気をガード！

理由は、**水と関係する場所は、気が乱れやすい**から。特に雨の日は大きく気が乱れているので、住んでいなくても雨の日に水辺に近寄るのは危険なので避けます。

どうしても、水辺の近くに住むと、健康に影響が出たり、心が不安定になりやすく、家庭内不和が生まれやすいのです。

もし既に住んでいて引っ越せない場合は玄関の前に日本酒を流す邪気ケア（Ｐ１０６）をこまめに行って、妙な気が入り込まないように注意しましょう。

COLUMN

# 古いもの、不用品は売らない、ゆずらない！

不要品を処分する際、注意したいのは、まだ使えるし、もったいないからといってフリマアプリで売ったり、誰かにあげようとすることです。

何故よくないのかというと、引き渡すまで家の中で置きっぱなしになる、というのも理由のひとつ。でもそれ以上に、古い不用品にくっついた自分の邪気や、染みついた念を誰かにゆずるのは避けたいところです。その罪深い行為は、自分や相手の気を下げることになります。

私自身もそういうわけで、フリマアプリを使うことはありません（ネットで見ているだけでも気分が悪くなりました）。

私たちは厄年などには敏感ですが、目に見えない邪気や厄の引き受けには鈍感です。邪気に関しても、よくわからないと片づけ

るのも自由ですが、普段なにげなくしている行為から本来受けなくてよかったことを引き寄せ、目先の利益で得した気分になっても健康を損なうこともあります。実際に、本人だけでなく家族やペットの体調不良を引き起こしたご家庭もあるほどです。

どこの誰かわからない人の厄なんて荷が重すぎてもらいたくないものですが、それは受け取る相手も同じです。運というものは気の巡りがよくなると上がるものですが、逆に言うと邪気や念の交換で、簡単に自分や相手の運を下げることもできるということなんです。

自分が使用していた不要品の受け渡しという行為には、健康を損なうリスクも潜んでいるということを知っておいてほしいと思います。

COLUMN

## 生き霊は悪感情からだけではない

# 愛が強すぎて
# 邪気になるケースも

目に見える不調がなくても、いまいち調子が悪い、なんだか最近ツイていない、と思うことはありませんか。そういう時は、邪気が足を引っぱっていることも考えられます。

物質についた邪気はかわいいもので、処分すれば消えるのですが、こればかりはやっかいだなと思うのは、生きた人間が飛ばしてくる生き霊です。実際に生きている人間がいる限り、なくならないものなので、いかに人間関係を平穏にしておくかに限るのですが、自分ではどうしようもない部分もあるかと思います。現実でもSNS上でも、幸せ自慢はしないほうが身のためです。

また生き霊は、悪い感情からできているものばかりでもありません。相手のことを思うあまり、生き霊を飛ばすことも。わかりや

すいのは、有名な人ほど数え切れないほどの生き霊を一斉に浴びるので心身を崩しやすくなるケースです。
また身近な例としては、親が子どもを溺愛しているケース。心配しすぎて干渉するあまり、足を引っぱる結果になったというのは、よく聞く話です。こうした例は愛の行きすぎが生き霊に変化した状態。その人のことを強く思いすぎること、それはいい感情だったとしても相手を落とす生き霊になり得ますので、やはりずっと考えすぎるのはやめたほうがいいでしょう。

生き霊だけでなく人霊（亡くなった方）などもあちこちにいて、ふとした瞬間、例えば不安になったり、弱気になったり、疲れている時などに寄ってきやすいと言われています。

# 第六章

# 知っておきたい！東洋医学でも重要な気巡りのこと

ここからは、鍼灸師である私の専門分野、
東洋医学のことも交えながら、
さらに気巡りについて掘り下げてみたいと思います。
気巡りがよくなる＝邪気を寄せつけないだけでなく、
直接的に体にも心にも、さらには
あなたの周りにもいい影響を及ぼします。

## 健康は気巡りから！食べ物やマッサージなど様々な方法で整える

ここまではおもに邪気の観点から、体の不調を回復させる生活習慣についてお話ししてきました。

邪気を浄化するためにも、寄せつけないためにも、予防するためにも、大事なのは気巡り。ここからは東洋医学の考え方も交えて、さらに具体的な気巡りケアのことをお伝えしたいと思います。

私たちの体の中で重要な働きを担っているのが、「気《き》」「血《けつ》」「水《すい》」の3つ。水は津液《しんえき》とも呼ばれますが、それぞれに役割があり、体内にバランスよく存在しているのが理想です。

そして**この3つがスムーズに巡っていることが大切で、巡らせるエネルギーとなっているのが「気」です**。私が「気巡り」を最も重要視しているのはそのためです。

血と水だけが充実していても、気が停滞していれば健康に様々な影響が出てきます。なぜなら、気というものが存在しないと、血も水も動かないからです。気が充実して体じゅうを巡ることで血も水も巡るので、気の巡りの状態は健康にとって無視することはできません。

**心身ともに健康である状態が、気が巡っている**ということなのです。

気巡りをよくするためには、生活習慣だけでなく、食材や食べ方、実際に肌に触れるマッサージなど、直接的なメソッドがたくさんあります。

# 気巡りがよくなるとこんなにいいことが起こる！

気巡りがよくなると、体や心が健康になる⬇気分がよく、幸せになる⬇周りにも気をつかうことができ、周りも元気になっていく⬇自分もうれしくなり、気が巡って元気になる、といった、幸せのループが巡るようになります。

これは、**気がよくなれば、いいエネルギーを発散することができ、周りがそれに影響されるからです**。

自分だけでなく、誰かのことも救えるかもしれない。そうすれば、自分だけより、何倍ものエネルギーになります。気巡りがよくなると起こることをまとめてみました。

# 気が巡ると起こること 1

## ラッキーなことが増える

**気が巡ると運気も巡る！**　これは本当にそうだと思います。運気は気が運ぶと書くくらいですから、気の軽さが関係します。元気な時と、体調が悪い時とでは目の前に起こる出来事も、捉え方が180度変わることがありますよね。**受け取る側の土台が整っていると、マイナスなことも自分の成長のためだと思えて、不安が消えていきます**。体験することのほとんどがその人にとっては最善のものとなり、ラッキーと感じることに。

# 体の中に
# 幸せホルモンが満ちる

幸福について、科学的にわかっている存在があります。幸せを感じた時に脳から出るセロトニンというホルモンです。**セロトニンは精神を安定させ、頭の回転をよくします**。

実は血管や腸内環境の状態を左右するほどで、心身の健康に欠かせません。セロトニンを出すために必要なことは、気巡りをよくする生活習慣と驚くほど同じ。気巡りをよくすると健康になるというのは、こういうことなのです。

# 気が巡ると起こること 3

## おかしな人間関係からの脱出

悩みごとの九割は人間関係、と言われます。仕事でもプライベートでも、違和感にすぐに気づくことができたら、感覚に従って距離をおくことができるはずです。なお、邪気や悪い気をつけている人に惹かれるのは、自分も同じ状態だったり、心身が弱って正常な判断ができない時。深みにはまると洗脳され、心身がさらに悪化し大変です。**気が巡っていると心身が充実した状態となり、おかしな人とは自然と距離をおくようになります。**

# 自分の気で周りを元気に

明るくてにこにこしている人と、暗くむっつりしている人、どちらと付き合いたいと思いますか？　もちろん前者ですよね。これは、その人の持つ「気」が伝わるから。**顔の造作などよりも、その人がまとう「気」が顔から受ける印象を決めるのです**。人間は「同調」します。これは一緒に過ごしている人の気に影響を受けるということ。自分が心身ともに健康で、いい気を巡らせていれば、周りの人にもいい気を与えることができます。

気が巡ると起こること 5

# 感情を豊かにすると景色が変わる

病気をすると実感しますが、生きているのは当たり前じゃありません。本当は毎日奇跡の連続なのに、平穏な毎日を「当たり前」だなんて思ってしまうと、幸せを実感しにくい人になります。そうなると感動もしなくなるし、感情を動かすことも忘れてしまいます。**まずは幸せを実感する練習をはじめて心を取り戻しましょう**。「ありがとう」という感謝の言葉が増えていくと、それだけで悩みが減り、目の前の景色が変わっていきますよ。

## 美容的にも要注意！気巡りは見た目に影響する

美容というと、女性のことかと思われがちですが、男性でも同じです。年齢は一緒でも、若々しく充実して見える人と、疲れきって老けて見える人といますよね。

**気巡りがよくなると、健康になるだけでなく、肌や髪のツヤがよくなったり、姿勢がよく明るくなるので年齢より若く見られることも**。

逆に、気が不足して滞ると、いかにも元気がなく、何歳も年をとったような見た目になってしまいます。美容面に気をつけてケアをしても、その人自身の気が不足していると効果の実感が得られにくく、それではもったいないと思いませんか？

# 気が不足して起こること 1

## 老けて見える

気が不足すると、体の表面や内側に流れる気が減るので、生命力が弱くなることに直結します。気力・元気がなくなる、疲れやすい、食欲が衰えて少食になるなど、気持ちも落ち込み始めます。つまりほぼ「老化」と同じです。

**年齢よりも老けて見える人は、もちろん体質などもありますが、気が不足していることが多いのです**。特に、一時的に老けた時は、病気やストレスなどで気の消耗が激しいと考えられます。

気が不足して起こること 2

## 過食、運動不足で太る

仕事がすごく忙しくてストレスがたまっている時、急に体重が増えたりしませんか？　これは気の巡りがしっかり関係しています。習慣にしていた運動ができなかったり、食事が偏ったりすることも原因なのですが、ストレスや睡眠不足が続くと、**気が不足したり、気が停滞して体の中の血や水の動きが悪くなるので、代謝が落ちて太りやすくなります**。

気の巡りをよくして、悪循環に陥らないようにしたいものです。

# 気が不足して起こること 3

## 肌と髪のツヤが失われる

私が患者さんを診る時、見た目からも気の状態を見るのですが、わかりやすいのは肌と髪の状態です。**なにか疾患を抱えていると、肌はグレーがかり、髪はパサパサして、ツヤが失われていることが多いです。**内臓の問題だけでなく、精神的な問題でも同じなので、いかに健康と気が関係しているか、ということです。お手入れの問題でもなく、健康な人は内側から光り輝くようなツヤがありますから、ご自身の顔色を確認してみましょう。

COLUMN

# 頭だけでなく全身をケア
# 内臓の気と抜け毛の関係

東洋医学で髪と肌に関係する内臓は、胃腸、肝臓、腎臓です。これらはまさに、疲労やストレスの影響を受けやすい臓器。特に胃腸が弱ると栄養が消化吸収されにくいので、肌や髪まで栄養が届けられません。美容サプリを摂ったところで効果も出にくくなるでしょう。

肝臓や腎臓は食生活やストレスで負担がかかると老廃物の解毒作用が低下し、慢性的に血がドロドロとして皮膚の色が悪くなったり、髪の状態が悪くなり、老けて見える原因になります。

気の不足は抜け毛にもつながります。

これは、肝臓に負担がかかってイライラしていると頭皮に熱が

こもり、髪が抜けやすくなるため。円形脱毛症もストレスからと言われますが、これはストレスが肝臓に負担になって起きることです。

腎臓の衰えも抜け毛や白髪の原因になります。白髪は老化のサインのひとつですが、いわゆる〝若白髪〟の場合は、生まれつき腎臓が強くないので無理しないでね、ということ。東洋医学では「髪は血の余りもの」なので、血が不足することで頭皮までいかず抜け毛や白髪になります。気の巡りをよくし、血流を改善することで臓器が元気になり、健康な髪を作ることができるのです。

髪を増やしたり太くしたいなら、全身の気の巡りをよくし、頭皮や足ツボマッサージなどで肝臓・腎臓にアプローチするのが近道だと思います。

# 1 体の表面の〝衛気《えき》〟をケアするマッサージ

体の表面に流れる気を「衛気」といいます。肌の表面や、オーラのように肌の表面から浮いたところにも存在し、**優しくなでることで整えることができます**。もちろん〝治療〟にはなりませんが、日頃の不調に対しての予防や、緩和ケア、家族や介護でのケア、ペットのケアに取り入れると癒やしの効果につながります。注意するのは、気持ちを込めないこと。何も考えずに軽く行ってください。

病後や、虚弱体質、肺や胃が弱い、リンパ関係に。

## 手のひらで優しく体をなでる

手のひらを肌に密着させないよう、触れるか触れないかの状態でさする。

向きはどちらでも、心地いいと感じる方向でOK。ほんの2回くらいでよく、やりすぎに注意する。

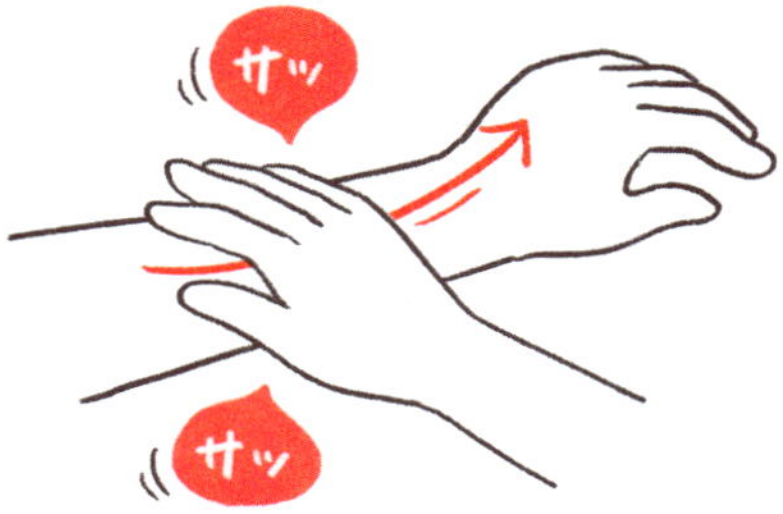


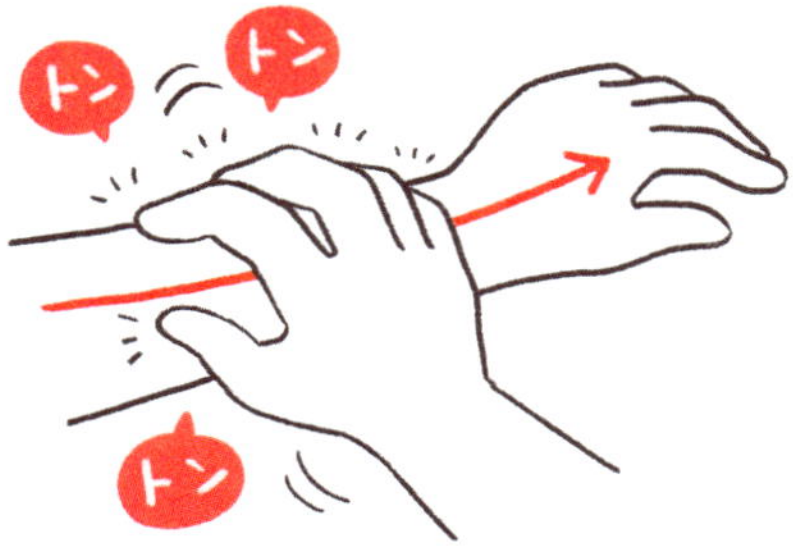


## 指でトントン、リズムよく叩く

指先に力を入れず、軽く叩くだけ。皮膚に刺激を与え過ぎない。

## 皮膚を軽くつまむように動かす

指先で皮膚を軽くつまみ、すぐ離す。リズミカルに動かす。これも指先に力を入れず、軽く行う。

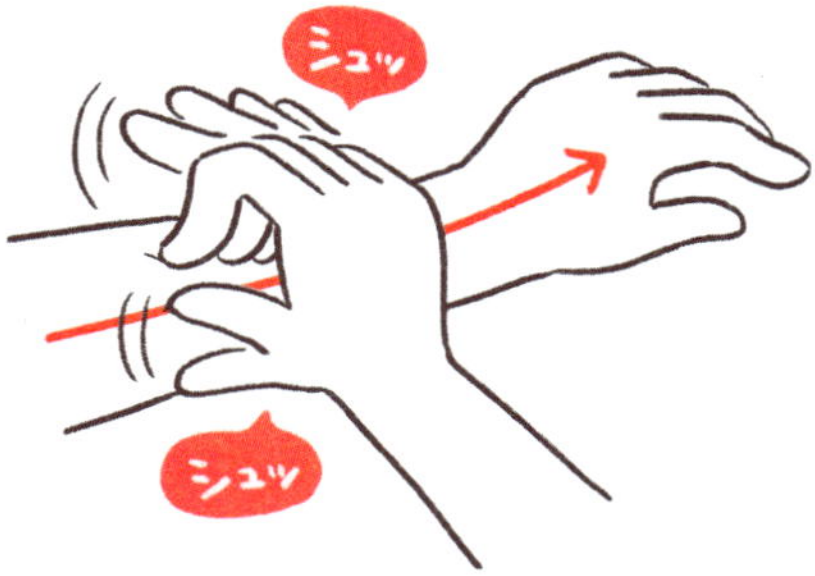

自分でできる陰陽ケア
2

# 体の内側の〃営気《えいき》〃をケアするマッサージ

血やリンパを動かす気、体中に栄養を巡らせるのが「営気」です。体の内側にあるので、鍼を刺したり、強めの圧で動かしますが、セルフケアもできます。それが、子どもの頃にやっていた「乾布摩擦」なんです。風邪をひかないように、と行っていたことが、まさに営気のケアだったんですね。**皮膚の免疫バリアを強め、冷えを改善することができます**。

体力のある方、ドロドロ血、痛み、しびれ、コリ関係、更年期症状、便秘関係に。

## 乾布摩擦

乾いたタオルで肌を短時間ごしごしこする。直接肌に当てるのでなく、服の上からでも十分。

## 手のひらで少し強めに体をさする

前ページの「衛気」のケアより、少しだけ力を入れて、体の内側にアプローチ。ほんの少し圧をかけ、肌に密着させて、筋肉に刺激が行くように。強くやりすぎないよう注意する。

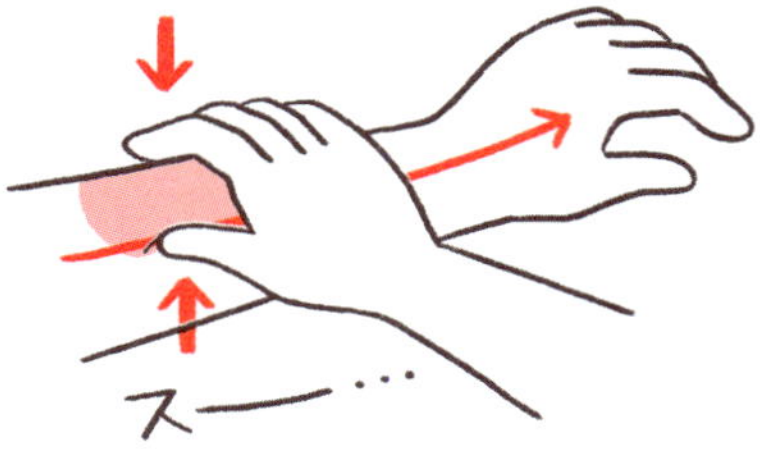


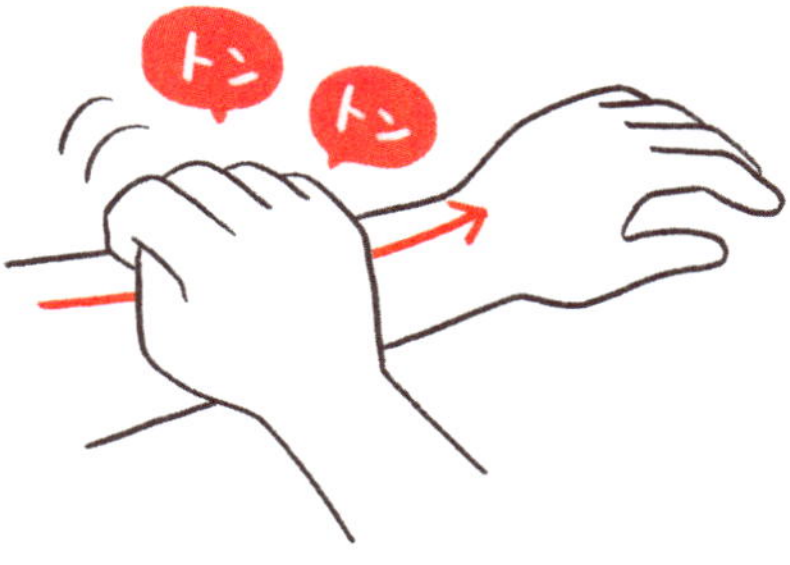


## 手をグーにして体を軽く叩く

トン、トンと軽く叩く。強くやりすぎないよう注意する。

## 不安になりがちなのは気の滞りが原因
## 気が巡りだせば不安も消える

SNSなどで届くお悩みの中で多いのが、「不安」について。私自身も不安になりやすいので、よくわかります。

**不安になりやすいか、そうでないかは、性格の問題もありますが、そうでない場合、血液の不足、そして気の乱れから起こります**。

特に女性は毎月月経があり、血液をどんどん消費しています。それでも休むことなく仕事や家事をこなしているので、男性よりも血液が不足していることが多く、注意しなければなりません。

また、家庭や職場でキレてしまったりするのも、発端は「不安」であることが考えられます。**不安は暴力に変化することさえあるのです**。

そんな時は、自分の気の乱れを正常に戻し、本来の自分を取り戻す必要があります。イライラして周りにあたってしまう……。そんな不調に気づいたら、少しでも時間を作って、食事に気をつけ、血を補い、頭に気を巡らせましょう。

なお、性格の問題だから仕方がないという考えももったいないです。気を巡らせる生活習慣を意識して、繰り返し実践することで、自分だけでなく周りの人にもいい影響となりますよ。

過度の不安を払拭するためのケア方法もあるので、次のページを参考に取り入れてみてくださいね。

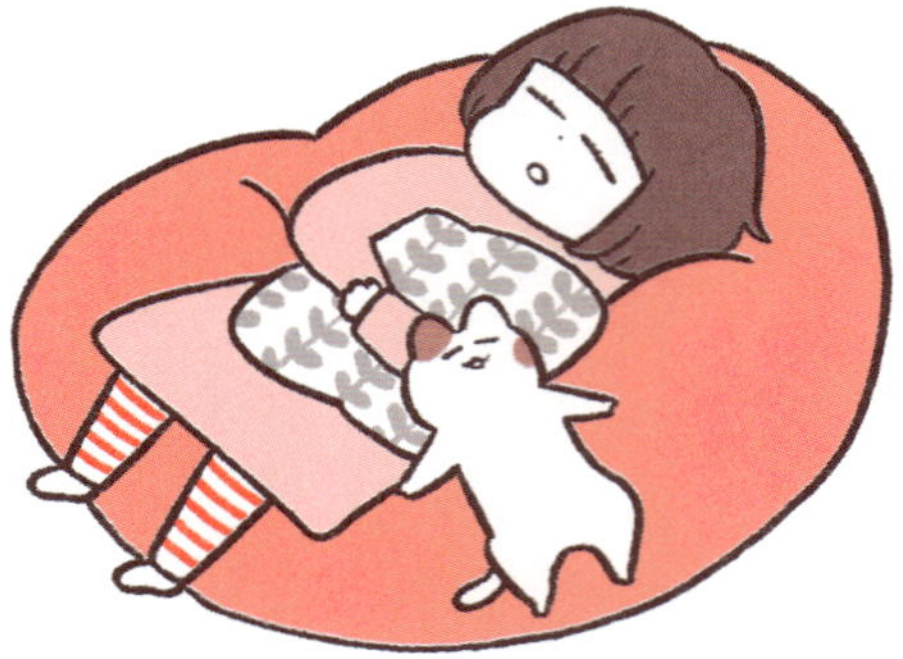

## 10分でもいいから横になる

不安が押し寄せてきたり、急に心が疲れたり、逆にカッとする時は、とにかく休むこと。感情の気が乱れた時は本来の自分を見失っています。そんな時でも無理に頑張ろうとすると脳と心が混乱して、全く前に進めなくなります。**体力に自信がない場合、まずは血の消耗を止め、気力を補うために10分でもいいので横たわります**。自分の呼吸に耳を傾け、ゆっくりと深呼吸しましょう。「大丈夫、よく頑張っているよ」と自分へ声かけするのも効果的。

体力がない場合の不安ケア

2

# 軽い散歩、脳をゆるめる

比較的元気がある日は、10分ほどでいいので近所を散歩しましょう。軽く体を動かすことが大切です。**外へ出て歩くだけでも全身へ気が巡り、気持ちも頭もスッキリしてくる**ので、もやもやしていた気持ちも消えていきます。

体力がない人は頭でいろいろ考えがちなので、脳をゆるめて癒やす時間が必要。動きたくなければぼんやりテレビをみたっていいのです。ただし悲しいものや不安を煽る内容より、楽しい番組を選んで。

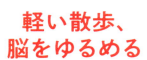

## 30分ほど運動する

体力がある人は、ちょっと疲れる程度に体を動かすのが効果的です。体力がある人は気が旺盛なので、体を動かさないと気が余って過剰になり停滞しやすくなります。過剰な気はイライラなどを引き起こし、心身の不調につながるので、**体の中にため込まないように適度に気を発散させる**のがおすすめです。

また、大きな声を出して歌うなども気を発散する効果があるので効果的。精神も落ち着くので体の違和感も消えていきます。

## 実はNGなケア

# 不安になりがちな人はサウナは要注意！

体力があれば、運動で汗を流すと気が巡るのでおすすめしましたが、サウナや岩盤浴はおすすめしません。汗をかいてリフレッシュすると効果がありそうですが、実は避けてほしいことなんです。

**サウナなどの温浴施設は体の水分と血液をジェットコースターのように激しく消耗するので、心臓に負担がかかります。**

また、汗を必要以上に長時間かくことは脱水となり腎臓に負担をかけて余計に不安を感じやすくなります。

味で体の状態がわかる

# 自然に欲している内臓を元気にする〝味〟がある

## 健康につながる内臓の気を高める味

食べ物の〝味〟が内臓と密接に関係していることをご存じですか？　疲れている時など、自然にその味を欲することがあるので、気をつけているとわかるかもしれません。また、その臓器が弱りすぎていると、食べるのが嫌な気持ちになったり、過剰に食べすぎたりします。体の声に耳を傾けて摂りましょう。ただし、特定の臓器を強くしたいからと、同じ味のものを食べ続けるのは絶対にやめてください。バランスを欠いて逆効果です。

- **肝臓：**酸っぱい味
- **心臓：**苦い味、渋い味
- **胃腸：**甘い味
- **肺・大腸：**辛い味
- **腎臓：**しょっぱい味

# 旬の食べ物は気を巡らせる

ここからは、四季それぞれに、不調が出やすいと言われている箇所と、それに対処するための旬の食材や味について説明していきます。栄養を効率よく摂るために、私がよく作っているのはスープ。食材からしみ出した栄養素も全部食べられるところがおすすめです。

栄養が足りないと、体だけでなく、心の不安定さを招きやすくなります。そして、旬の食材は季節の変化に耐えられる強い心身の源。内臓の得意な季節もあるので意識すると面白いですよ。季節を味方にし、気を巡らせ健康な体を手に入れましょう。

## 春

### 肝臓の乱気流を落ち着かせる酸味

気の流れが停滞しやすくなり、イライラしたり、怒りっぽくなります。これは肝臓が痛み、気が高ぶっている証拠です。気持ちがふわふわと浮つきやすい季節でもあります。

また、忙しく働いている女性は普段から血が足りていないのですが、春の肝臓の影響から、月経、子宮関係の不調にも陥りやすいので注意してください。

### 酢でも柑橘でも酸っぱいものを取り入れて

肝臓をいたわり、過剰に広がった気持ちを引き締めてくれるのは酸っぱい味です。酸味の〝引き締め力〟は、気持ちだけでなく、毛穴などもキュッと締め、正常に戻してくれます。なので、実は多汗症や下痢、頻尿の人にもおすすめです。

私は出張などで体と頭を酷使したあとは、スープに酢を垂らしたり、忙しければ、まずはオレンジジュースを1杯飲みます。身近のものでいいので、とにかく酸っぱい味で乱れた気を引き締めて。

## 夏

### 心臓にかかる負担は苦味で減らす

毎年、どんどん暴力的になっていく夏の暑さ。心臓に負担がかかりやすく、同時に、汗をかくので脱水を起こして腎臓にも負担がかかりがちです。

夏は気力も体力も一気に消耗しやすい、命がけの要注意な季節。異常な暑さは、ちょっと外出するだけでも熱中症に近い状態になっていると自覚して、食べ物にも注意しましょう。

### 気温や紫外線ダメージ修復に夏野菜が決め手になる

夏に一番おすすめなのはトマトです。体の熱を冷やし、潤いを与えます。夕食に食べれば脳の熱を冷まし、寝苦しい夏の夜も熟睡でき、不眠にも◎。

また、心臓には苦味。ゴーヤやピーマンです。どちらも代表的な夏野菜ですね。特にゴーヤは、暑い外から帰宅したらすぐにスムージーにして飲むと、熱ものぼせもスッと落ち着きます。夏は大好きなこのスムージーですが、夏以外は欲しくなることがないので不思議です。

# 秋

## 肺・大腸の渋滞を解消する辛味

秋は東洋医学的には肺の季節です。ただ、肺は大腸とも関係が深く、同じグループです。肺・大腸には、辛い味。特に肺は気の巡りと深い関係があるので、辛い料理を食べると一気に気が巡ります。

私自身が辛いものを食べたくなるのはストレスがかかって肩こりを感じた時や、ひどく気が停滞している時。普段は苦手な辛い味を欲します。

## 中毒になるほどの刺激感食べすぎは粘膜を傷つける

辛い味は気を巡らせ、体の中に停滞した邪気を放出します。なので、風邪のひきはじめに血行を促進させ発汗するピリ辛スープを食べてみると一気に改善するかもしれません。ただ、辛い味は頻繁に食べすぎると肺・大腸を乾燥させてしまい、傷つけ、炎症を起こすので、頻度は控えめに。特に色白美人で肺が弱いタイプや、体調を崩しやすい人、ストレスを抱えやすい人は、つい食べたくなって激辛料理ばかり食べてしまうので過度にならないよう注意が必要です。

冬

## 鹹味《かんみ》 腎臓の弱った気を補う

冬は腎臓の季節です。私は腎臓がひとつしかないので特に気をつけています。腎臓には「鹹味《かんみ》」＝しょっぱい味、なのですが、そういうと、腎臓と塩はダメなのでは？という反応が返ってきます。もちろん食べすぎはよくありませんが、体内のミネラルバランスと同じ天日塩なら逆に腎臓を元気にしてくれ、減塩よりも体調が整います。

## 塩が足りないと体は故障する 腎臓を守るために生きた塩を

天日塩を含んだ食事は、気を養い、生気が出て、腎臓から元気になります。しょっぱいものは、他にもゴリゴリとしたしこりや腫れ物、結石を改善してくれます。集中力も出るので、私も自然と鍼灸学校の試験などには塩を舐めて挑んでいました。また、甘いものがやめられない人にも、お菓子を食べた後にちょっとだけ天日塩を舐めて、体内の陰陽のバランスをとることをおすすめしています。くれぐれも精製塩は摂らないでくださいね。

COLUMN

# 甘いものは食べていい?

〝甘味〟は多くの人が好きな味。胃腸を元気にする、と書きましたが、健康な人は食べすぎに注意です。なぜなら、日本の食事は主食が、噛むと甘いお米。野菜も甘味が強いものをよく食べます。甘味はそれで十分なので、菓子パンやお菓子、加工品、デザートを毎日食べ過ぎると気の巡りが悪くなり、停滞して体がだるくなり痛みが出たりします。

とはいえ、「絶対ダメ」と心を律しすぎるのもよくありません。特別な日の外食ではデザートを食べて楽しみましょう。すべては「適度に」が大切です。

気を巡らせる食事について

絶対ダメではないけれど…

# 生気を失いやすい便利な食べ物は毎日食べない

## コンビニ食はほどほどに

**季節を問わず避けてほしいのは、レトルト食品、スナック菓子、小麦粉を使った加工品など**。コンビニで大量に売られているもので、とても便利ですが、毎日食べるのはよくありません。コンビニでアルバイトをしたこともありますが、毎日コンビニ食をしていた仲間の顔から生気がなくなっていき、怖くなりました。普段食べない人が食べてみると、体がズドーンと重くなるのでわかりますが、毎日だとその感覚が麻痺して健康を見失います。

## 「絶対ダメ」ではなく心にほっとできる余白を

かといって、あまり厳しくしすぎるのも私は反対です。コンビニはやはり便利ですし、好きなアイスクリームや、流行っているものを試す程度にしておくのが正解だと思います。**たった一食コンビニで済ませたり、お菓子を食べすぎたことで「体に悪いものを食べてしまった」とクヨクヨするのも気の停滞につながります**。自分を律しすぎず、そんな日も「まあ、いいか！」とやり過ごし、毎日「おいしいなぁ」と感じられる食生活を。

COLUMN

# 症状別、おすすめの食材

## だるさ、疲れをとって元気になる食べ物

**【穀物】**
米、もち米、もち、雑穀、豆類

**【野菜、果物、木の実】**
長芋、里芋、ブロッコリー、カリフラワー、アボカド、カボチャ、じゃがいも、キャベツ、生姜、きのこ類、栗、いちじく、チェリー、パイナップル、ぶどう、くるみ、ぎんなん

**【卵、肉、魚介類】**
卵、牛肉、豚肉、鶏肉、さんま、鮭、いわし、さば、かつお、ぶり、たい、たら、うなぎ、たこ、えび、牡蠣、ホタテ

**【調味料】**
水飴、はちみつ（少量）

**【飲み物】**
コーヒー、紅茶、ココア、麦茶、杜仲茶、ワイン、紹興酒
※いずれもメインは水にし、腎臓に負担をかけないよう、食後など1日3杯までとする

# ストレス、イライラを解消する食べ物

**【穀物】**
そば

**【野菜、果物、木の実】**
セロリ、玉ねぎ、長ねぎ、春菊、かぶ、大根、人参、ピーマン、とうもろこし、オクラ、さやえんどう、キャベツ、ブロッコリー、カリフラワー、白菜、小松菜、にら、レタス、ビーツ、たけのこ、大葉、三つ葉、ミント、バジル、唐辛子、みょうが、パクチー、生姜、にんにく、らっきょう、よもぎ、せり、みかん、オレンジ、レモン、ゆず、グレープフルーツ、桃、ぶどう、メロン、キウイ、ライチ、かりん、あんず、びわ、いちじく、アーモンド

**【その他】**
わかめ、海苔、ひじき、こんにゃく

**【卵、肉、魚介類】**
鴨肉、鮭、さんま、さば、ホタテ、牡蠣、イカ、クラゲ

**【調味料】**
酒、みそ、酢、こしょう、からし、カレー粉

**【飲み物】**
ジャスミン茶、緑茶、ウーロン茶、プーアール茶、そば茶、コーヒー、紅茶、ワイン、日本酒
※いずれもメインは水にし、腎臓に負担をかけないよう、食後など1日3杯までとする

# 定期的にチェックしよう！
# 邪気を寄せつけない心と体の状態って？

気力が充実し、気のバランスがとれた状態でいれば、邪気を寄せつけず、もちろん病気にもなりにくくなります。そんな状態が理想です。

ただ、人間は弱いので、不安になるとバランスが崩れやすく、心身を病んでしまい、おかしなことを信用したり、よくないことに巻き込まれ、病名がついてしまうこともあります。

あなたは今、邪気を寄せつけない心と体を持っていますか？

次のチェックリストを参考に、定期的に生活習慣が乱れていないか見直してみましょう。

□三食をきちんと食べ、長い時間お腹を空かせない
□早寝早起き、規則正しい生活リズム
□十分に睡眠をとっている
□部屋の中がきれいに整っている
□働く、学ぶのが楽しい
□情報に惑わされず、自分で正しく判断できている
□周りのいいところが目に入る
□相手の言動に依存していない
□よくないことが起きた時、人のせいにしない
□スピリチュアルや宗教に頼りすぎていない
□第六感が機能していると感じる
□今日も幸せだと感じる

こんなに効きました！

# 邪気ケアの劇的体験談

**私がこれまで邪気ケアを指導してきた患者さんや、SNSを通じて相談してくださった方々の体験を、少しだけ公開します。**

夫婦そろって夜は不眠、朝は孫を抱っこしたせいで体が痛いと思っていたのですが……。

大野先生に指摘していただいた、自宅の該当する場所を天日塩を入れた水で拭いてみたら、一瞬で空間が変わったのがわかりました。その夜は夫婦ともぐっすり眠れ、朝いつも出る痛みもありませんでした。

お店の入り口に邪気があると言われ、半年前にそこで夫が転んで大けがをしたことを思い出しました。その部分は週に1回、塩水で拭き掃除をしています。貯めていた空き瓶もよくないと言われて片付け始めると、その日からお客様が増えました。そして、植木鉢の花も咲き出しています。まだ途中ですが、邪気が減ったのを実感しています。

玄関、自転車、車の周りにお酒を撒き、水回りの酒流しも定期的に行っています。病院や人混みに行った日は、酒風呂。氏神様には週1~2回お参りします。実感しているのは心と体の軽さ！ 気持ちが穏やかになり、不安に駆られることがなくなりました。

不用品を処分し、水回りとベランダに日本酒を流し、塩水での床拭きを行っています。以前はやる気が起きず、体が重かったのが、今では気持ちが本当にすっきり！

トイレ掃除の徹底、ときどきお酒を流すことで、次々といいことが舞い込んでいる気がします。夫は子どもに怒ることがほとんどなくなり、疲れているはずなのに週末には家事をしてくれます。

日本酒流し、塩水での拭き掃除をすると、胸周りやみぞおちがスッとして、頭の後ろから背中にかけて明るくなったように感じます。お守りを持つのをやめ、三食きちんと食べ、不用品を捨てる勇気もわきました。自分から邪気が出ていたことを実感しています。

仕事を休まなくてはならないほどの腰痛に悩まされていたのですが、2週間の日本酒風呂で痛みが一切なくなりました。

## STAFF

デザイン　後藤奈穂
イラスト　松本麻希
構成・文　北條芽以
校正　鈴木初江
編集　川上隆子（ワニブックス）

自分ではじめる
気巡りと浄化の本
大野沙織　著

2025年3月3日　初版発行
2025年6月10日　2版発行

発行者　髙橋明男
発行所　株式会社ワニブックス
〒150-8482
東京都渋谷区恵比寿4-4-9　えびす大黒ビル
ワニブックスHP　http://www.wani.co.jp/
お問い合わせはメールで受け付けております。
HPより「お問い合わせ」へお進みください。
※内容によりましてはお答えできない場合がございます。

印刷所　株式会社美松堂
製本所　ナショナル製本

定価はカバーに表示してあります。
落丁・乱丁の場合は小社管理部宛にお送りください。送料は小社負担でお取り替えいたします。ただし、古書店等で購入したものに関してはお取り替えできません。

ISBN978-4-8470-7533-9